百年豪门
CHELSEA
切尔西

直笔体育百科系列

SINCE 1905

念洲　流年 ■著

北京时代华文书局

图书在版编目（CIP）数据

百年豪门. 切尔西 / 念洲, 流年著. -- 北京 : 北京时代华文书局, 2025. 4. -- ISBN 978-7-5699-5995-6

Ⅰ. G843.61

中国国家版本馆 CIP 数据核字第 2025GP1315 号

BAINIAN HAOMEN: QIEERXI

出 版 人：陈　涛
选题策划：董振伟　直笔体育
责任编辑：马彰羚
执行编辑：孙沛源
责任校对：陈冬梅
装帧设计：严　一　赵芝英
责任印制：刘　银

出版发行：北京时代华文书局 http://www.bjsdsj.com.cn
　　　　　北京市东城区安定门外大街 138 号皇城国际大厦 A 座 8 层
　　　　　邮编：100011　电话：010-64263661　64261528

印　　刷：北京盛通印刷股份有限公司
开　　本：710 mm×1000 mm　1/16　　成品尺寸：170 mm×240 mm
印　　张：15　　　　　　　　　　　　字　　数：214 千字
版　　次：2025 年 4 月第 1 版　　　　印　　次：2025 年 4 月第 1 次印刷
定　　价：68.00 元

本书图片由视觉中国提供。
版权所有，侵权必究
本书如有印刷、装订等质量问题，本社负责调换，电话：010-64267955。

卷首语

"蓝桥",一个富有梦幻色彩的名字,是位于英国伦敦富勒姆区斯坦福桥球场的绰号。斯坦福桥球场,就是切尔西足球俱乐部(简称"切尔西队")的主场。这支英格兰足球超级联赛(简称"英超")的豪门球队,在最近几年动荡不断,从换老板到换教练,仿佛已经不再是球迷熟悉的那支"蓝军"(切尔西队的绰号)。

因为一位俄罗斯人和一位葡萄牙人,切尔西队开始走上巅峰,真正迈入顶级豪门球队的行列。但那个葡萄牙人很快就走了,后来曾经回来过,然后又走了。不过走了便走了,因为有那么将近二十年的时间,切尔西队的球迷是不害怕换帅

的，只要那个俄罗斯人还在。

可是最终，就连那个最爱切尔西队的俄罗斯人也被迫走了。自2003年以来，"蓝军"的拥趸从来没有像现在这般心里没底，从来没有像现在这般担忧球队的未来。

不过纵观切尔西队长达近120年的悠久历史，辉煌的时期并不多，更多的是在等待着辉煌。所以，切尔西队的球迷应该是最有耐心的，有足够的耐心等待着心爱的球队复兴。毕竟这支球队曾经用了整整半个世纪，才等到了历史上的第一座顶级足球联赛冠军奖杯，又用了整整半个世纪，才等来了第二座，而下一次辉煌的到来，肯定不需要那么久了！

目录
CONTENTS

第一章
切尔西队的诞生

01 缘起"蓝桥"……2
02 "蓝军"成立……5
03 从英乙到英甲……8
04 第一位改革者……11

第二章
"金元时代"

01 伦敦佬,有钱人!……18
02 20世纪30年代的"金元足球"……21
03 "金元足球"的失败……25
04 二战后的沉寂……28

第三章

50 年等一冠

01 20世纪50年代的穆里尼奥……34
02 超强阵容，组建完毕……38
03 向着冠军，冲啊！……43
04 50年修成正果……46

第四章

再创辉煌

01 超级射手……52
02 无缘欧冠……55
03 杯赛首冠……59
04 功勋下课……63
05 问鼎足总杯……67
06 欧战称王，登至顶峰……71

第五章

黑暗中前行

01 改造"蓝桥"……76

02 病急乱投医，七年六换帅……80

03 黑暗中摸索……84

04 更换老板……87

05 迈向光明……91

第六章

性感足球

01 黎明之前……98

02 27年首冠……103

03 一年三冠，巅峰之上……108

04 "切尔西村"，危机浮现……113

05 三年五冠，黄金时代……116

06 "补锅匠"，补不了时代终章……121

第七章

"阿布时代"由"穆帅"开启

01 "阿布"其人……128

02 穆里尼奥：特殊的一个……131

03 50年首冠，两连冠……136

04 "狂人"下课！"穆一期"落幕……141

第八章

欧战大满贯 登峰造极

- 01 莫斯科雨夜，"三亚王"泪流……148
- 02 "金牌教练"皆过客……153
- 03 佛光普照，"救火"救成欧冠冠军……161
- 04 "佛帅"下课，"贝大师"成就大满贯……166

第九章

19年21冠 "阿布时代"落幕

- 01 "穆二期"……172
- 02 意大利主帅……178
- 03 "神灯"回家……184
- 04 "秃鹤"振翅，再夺欧冠冠军……188
- 05 "阿布时代"终结，未来充满未知……192

荣耀殿堂

50大球星……198

队史最佳阵容……210

历届英超积分排名……211

冠军荣誉……212

纪录盘点……213

历任主帅及荣誉……214

历任队长……216

历任主席……216

历史出场榜……217

历史进球榜……217

主场故事……218

队歌……219

联赛十大战役……220

欧洲赛事十大战役……225

中国情缘……230

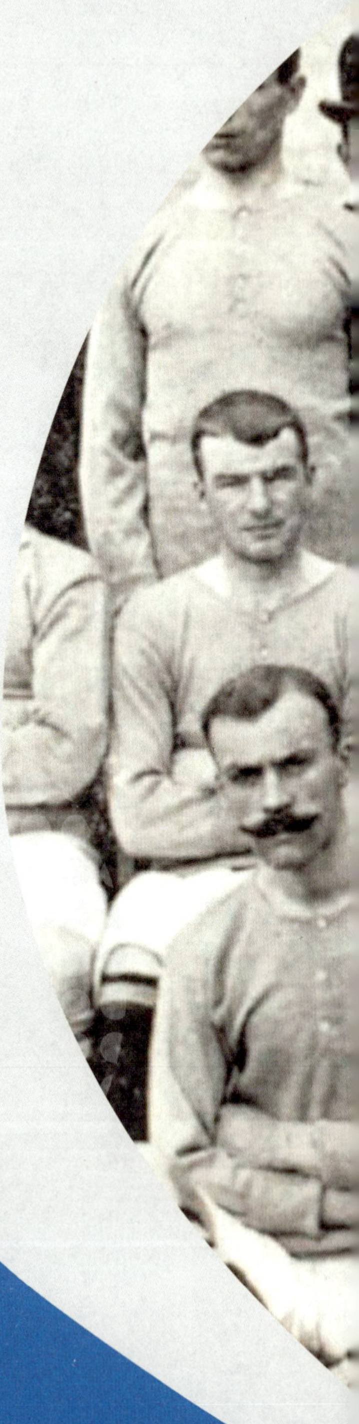

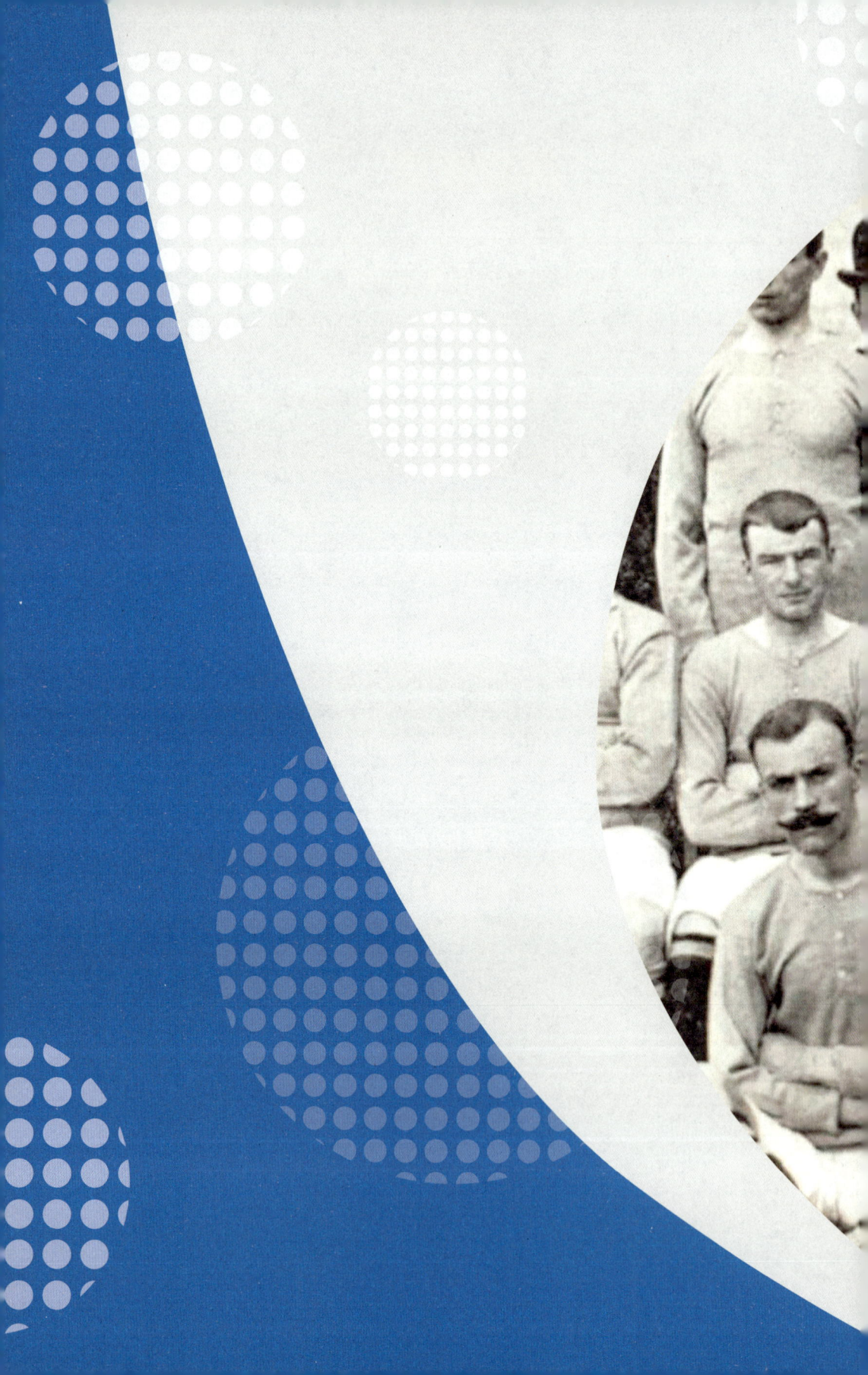

第一章
切尔西队的诞生

既然决定成立一支新球队,就要先给它起个响亮的名字。

01

缘起"蓝桥"

切尔西队成立于1905年,但讲述这支球队要先将时钟拨回到1896年。

01 缘起"蓝桥"

切尔西队成立于1905年,但讲述这支球队要先将时钟拨回到1896年。这一年,伦敦建筑承包商何塞普·米尔斯的两个儿子乔·米尔斯和古斯·米尔斯买下了斯坦福桥球场的部分所有权,目的是在那里举办一流的足球比赛。

1904年底,在球场的原主人去世之后,米尔斯兄弟不惜贷款,将斯坦福桥球场的永久所有权收入囊中,并邀请著名的球场设计师阿奇巴尔德·利思主持改造扩建工作,这才有了后世球迷所熟悉的斯坦福桥球场。

斯坦福桥球场原来的承租者是伦敦竞技俱乐部,这是一家田径俱乐部,租赁合同到期之后,米尔斯兄弟希望找到一支足球队作为斯坦福桥球场的新主人。

第一章 切尔西队的诞生

起初,他们准备把球场租给同在伦敦的富勒姆队,租金为每年1500英镑,但遭到富勒姆队主席亨利·诺里斯爵士的拒绝。诺里斯爵士拒绝的原因很简单:富勒姆队建队25年来已经使用过12座球场,他下定决心不再短期租用球场,所以早已着手把克拉文农场球场改造成球队的永久主场。

后来,米尔斯兄弟又打算将球场卖给大西部铁路公司,后者想把这块土地用作煤土倾倒场。米尔斯兄弟的商业合作伙伴、伦敦竞技俱乐部的计时员杰克·帕克连忙劝阻,兄弟二人一开始不听,后来却因为一个很搞笑的事情而改变了主意。

杰克·帕克回忆道:"我在古斯·米尔斯的身旁慢慢地走着,他的狗从后面冒了出来,狠狠地咬破了我的脚,血都流出来了。我告诉它的主人:'你那该死的狗咬了我,你看!'他漫不经心地说:'这是只苏格兰猎犬,总是先咬人再说话。'我虽然单脚跳来跳去,鲜血直流,但还是忍不住大笑起来,和他说他是我所见过的'最冷酷的家伙'。一分钟后,他拍了拍我的肩膀说:'你被咬得那么惨,要是放在大多数男人身上肯定会大发雷霆。听着,我决定采纳你的意见了,你先去找医生看看,明天早上九点在这里等我,我们会很忙的。'"

再次见面时,帕克向米尔斯兄弟提出了一个建议:为何不自己组建一支新的足球队呢?米尔斯兄弟恍然大悟:"对啊!我们怎么没想到这主意?"

既然决定成立一支新球队,就要先给它起个响亮的名字。新球队位于伦敦的富勒姆区,但"富勒姆"已被另一支球队使用。"伦敦FC""斯坦福桥""肯辛顿"等名字也被提了出来,但都被一一否决。最终,临近哈默史密斯-富勒姆区的肯辛顿-切尔西区的"切尔西",被选为新球队的正式名字,切尔西队就此诞生。

名字是有了,但按照英格兰人的习惯,还得有绰号呢。绰号的备选方案可以说千奇百怪,有"切尔西中国人""小异乡人""圆面包"等等,最后被选中的是"The Pensioners",直译为"养老金领取者",以此来感谢住在切尔西皇家医院附近的老兵。

02

"蓝军"成立

切尔西队的董事会成员基本都是很有声望和拥有财富的社会名流,包括企业家、公关人员、业务经理、退役军人、体育俱乐部秘书。

第一章 切尔西队的诞生

1905年3月10日，在斯坦福桥球场入口对面酒吧的包厢里，切尔西队正式成立了。4月20日，这支球队完成注册，从3505股配售股份中获得5000英镑的资本。

切尔西队的董事会成员基本都是很有声望和拥有财富的社会名流，包括企业家、公关人员、业务经理、退役军人、体育俱乐部秘书。比如乔治·托马斯，曾

02 "蓝军"成立

经在英国皇家海军服役,后来成立了一家班轮供应公司,长期给邮轮提供食物和饮料,因此发家致富。球队的第一任主席克劳德·柯比,他曾是军人,拥有非常广泛的人脉。副主席之一卡多安勋爵是切尔西地区最大的地主,他运动时喜欢穿"伊顿蓝",也为切尔西队的球衣确定了颜色。社会改革家查尔斯·伯吉斯·弗莱、议员和慈善家埃姆斯利·霍尼曼,也都是球队第一代的副主席。

总之,当时的切尔西队与上流社会有着密切的关系,据说其中有不少人还与共济会有关,通过这一神秘的组织,球队与英国皇室产生了联系,甚至就连未来的英国国王乔治六世,都成了切尔西队的球迷。

而作为球队的"房东",米尔斯兄弟每年向切尔西队收取1500英镑的租金。1912年,古斯·米尔斯因为酗酒去世,去世前都没有还清买下斯坦福桥球场的贷款,但米尔斯家族一直占据着球队董事会的主导地位,一直到1980年。

成立之后,切尔西队最初想要加入的是南部联赛,但由于同样来自伦敦的富勒姆队和托特纳姆热刺队(简称"热刺队")的联手反对,这一计划未获成功。

1905年5月,杰克·帕克在足球联盟会议上表示:"切尔西队的银行账户里有3000英镑,重新开发的球场是这片土地上最好的球场。我不想再打扰大家了,我只能暗示……你们会得出这样的结论:你们真的没法拒绝我们。"

有钱,有影响力,切尔西队拿出了自己的法宝,最终与斯托克港队、莱顿东方队等一道加入英格兰足球乙级联赛(简称"英乙"),正式开启职业联赛的征程。

03

从英乙到英甲

首个赛季,切尔西队最终排名英乙第三,这是一个令人满意的成绩。

03 从英乙到英甲

球队成立了,就该请教练了。切尔西队聘任的第一位教练是约翰·罗伯逊,他上任时只有28岁,身份是球员兼教练,效力过格拉斯哥流浪者队,还是苏格兰队的队长。

执教后,约翰·罗伯逊的第一个大手笔就是斥资190英镑引进吉米·温德里奇,后者迅速成为切尔西队首个赛季的最佳射手。有"加特林机枪"之称的乔治·希尔斯登,则与吉米·温德里奇组成锋线搭档,首秀就打入5球,上演"五子登科"的好戏!

更著名的引援是"巨人门将"威利·福尔克,他被约翰·罗伯逊任命为队长。这位身强体壮、力大无穷的门将能单手抓住球。他性格暴躁,据说曾一怒之下将球门横梁打断!

1905—1906赛季,切尔西队首次征战英乙,首个对手就是斯托克港队,结果0比1遗憾告负。第二个对手是布莱克浦队,兼任球员的约翰·罗伯逊打入制胜球,这也是切尔西队历史上的处子球。

值得一提的是,约翰·罗伯逊还在一场友谊赛里相中了当时非常有名的杂耍喜剧演员乔治·罗贝。乔治·罗贝曾在米尔沃尔队的预备队踢球,球技不错,他以业余球员的身份加盟切尔西队。虽然乔治·罗贝从未代表切尔西一线队出场,但他实在太有名了,他的加盟让切尔西队声名鹊起。

首个赛季,切尔西队最终排名英乙第三,这是一个令人满意的成绩。不过在1906年11月,约翰·罗伯逊突然宣布辞职。他辞职的主要原因是不满于球队高层

第一章 切尔西队的诞生

将他视为一个只能听从命令的傀儡,没有给他充分指挥球队的权力。

措手不及之下,球队高层只能委任秘书威廉·刘易斯担任临时主帅。不过,威廉·刘易斯"救火"救得相当不错,他和球员的关系非常好,球员也愿意为他卖命。乔治·希尔斯登一个人就打入27球,帮助切尔西队获得1906—1907赛季的英乙第二名,历史上第一次升入英格兰足球甲级联赛(简称"英甲")!

04

第一位改革者

时至今日,卡尔达赫德依旧保持着执教"蓝军"时间最长的纪录。

第一章 切尔西队的诞生

不过，切尔西队还是希望能找到一位真正的教练。在1906—1907赛季，切尔西队在足总杯中被林肯城队爆冷淘汰，对方主帅、苏格兰队前球员大卫·卡尔达赫德给切尔西队高层留下了深刻的印象。于是在比赛结束之后，切尔西队就派人和他联系，最终在1907年8月请到了卡尔达赫德，后者也成为"蓝军"历史上第一位全职主教练。

为了得到卡尔达赫德，财大气粗的球队高层开出了当时英格兰足坛最高的教练年薪。双方最开始签约5年，不过谁也没想到，这份5年合约最终变成了长达26年的紧密合作。时至今日，卡尔达赫德依旧保持着执教"蓝军"时间最长的纪录。

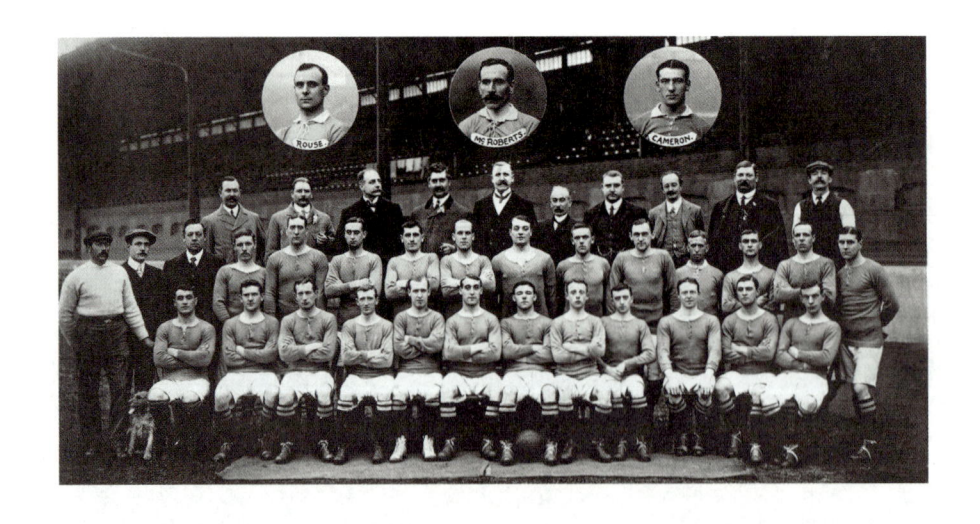

04 第一位改革者

然而，初来乍到的卡尔达赫德却面临着不小的麻烦。因为罗伯逊的出走，彼时的切尔西队可谓岌岌可危，队内人心思动，球员想要离开，目标新援又不愿意来，所以在英甲的前两个赛季，切尔西队只能挣扎于保级。

1909—1910赛季，人员不断流失的"蓝军"甚至只能从青年队提拔年轻球员，这导致球队在38轮联赛里只赢了11场，以倒数第二的身份降回英乙！而曾经反对切尔西队加入职业联盟的富勒姆队，则是当时西伦敦的"老大"。

有句老话说得好，"祸兮，福之所倚；福兮，祸之所伏"。重回英乙，反倒让切尔西队有了推翻自我、开始重建的机会，而重建的任务就交给了卡尔达赫德。

卡尔达赫德的改革，主要在于两个方面。一方面是引援，他签下了本·沃伦作为后防核心，锋线上以创纪录的1300英镑引进了力道十足、擅长大力破门的鲍勃·惠廷厄姆，并且签下了已经30岁的前锋维维安·伍德沃德。

在那个年代，30岁的球员算得上高龄了。伍德沃德一开始是一个建筑师，后来以业余球员身份踏入足坛，21岁的时候加盟热刺队，23岁的时候才开始参与正规的

第一章 切尔西队的诞生

足球训练，结果在热刺队效力的8年里打入63球，并帮助球队夺得了足总杯冠军。

1909年，30岁的伍德沃德在家人的要求下退役，重回建筑行业。但没过多久，他就想念起了足球，于是宣布复出并加盟了切姆斯福德城队，随后又很快转投切尔西队。

改革的另一方面是改变球队的战术打法。卡尔达赫德抛弃了"现代足球鼻祖"的保守思想，不想再打长传冲吊，而是在前场堆积大量前锋，利用人数的优势去逼抢对方的后卫，一旦断球，就地发起进攻，颇有些现代足球中高位逼抢的意思。

这一打法有利有弊，有利的一面是切尔西队在1910—1911赛季攻进71球，是英乙所有球队中最多的；但不利的一面是由于后卫人数变化，"蓝军"总在关键时刻丢球，最终比第二名博尔顿队多输了一场，排名第三，无缘升级。

不过到了1911—1912赛季，卡尔达赫德更加注重球队的攻守平衡，虽然进球数比上个赛季少了，但丢球数同样减少，切尔西队比上个赛季多赢了4场比赛，位列英乙第二，在降级两个赛季之后重返英甲。

更重要的是，极具观赏性的进攻打法让切尔西队收获了越来越多的球迷。所以，"蓝军"的成绩虽然排在英甲的中下游，但是在1912—1913赛季，平均每场有3万多人来到斯坦福桥球场观赛，而足总杯第四轮对阵斯文顿队时，"蓝桥"更是涌入了惊人的7万多名观众！

然而，切尔西队的防守能力放在英甲中来看，确实不够优秀。回到英甲的第一个赛季，"蓝军"狂丢73球，是英甲20支球队里最多的，最终球队排在倒数第三名，惊险保级。

1913—1914赛季，"蓝军"的失球数依然多于进球数，但排名回升至中游，暂无降级之忧。不过接下来的1914—1915赛季，切尔西队的防线再次崩盘，一个赛季38场比赛只赢了8场，排名跌至倒数第二。唯一幸运的是，当时只有最后

04 第一位改革者

一名才会降级。

不过，卡尔达赫德的打法更适合淘汰赛制的杯赛。在足总杯赛场上，切尔西队一路过关斩将，接连淘汰阿森纳队、曼彻斯特城队（简称"曼城队"）、纽卡斯尔联队和埃弗顿队，历史上第一次进入决赛。

1915年4月24日，足总杯决赛在曼彻斯特联队（简称"曼联队"）的主场老特拉福德球场举行。伍德沃德此时已经在英国皇家空军服役，切尔西队要求他回来参赛，但他觉得是队友鲍勃·汤普森帮助球队闯进的决赛，应该由鲍勃·汤普森出场。

可惜的是，切尔西队的防线在关键时刻再次被扯崩，谢菲尔德联队在下半场最后时刻连进两球，最终以3比0的比分取胜，"蓝军"屈居亚军。

不过，此时人们目光的焦点已经不在球场上，而是在战场上：1914年7月，第一次世界大战爆发了。满怀报国热情的伍德沃德自愿参军，但他在1916年不幸负伤，只能被迫退役，从此告别绿茵场。

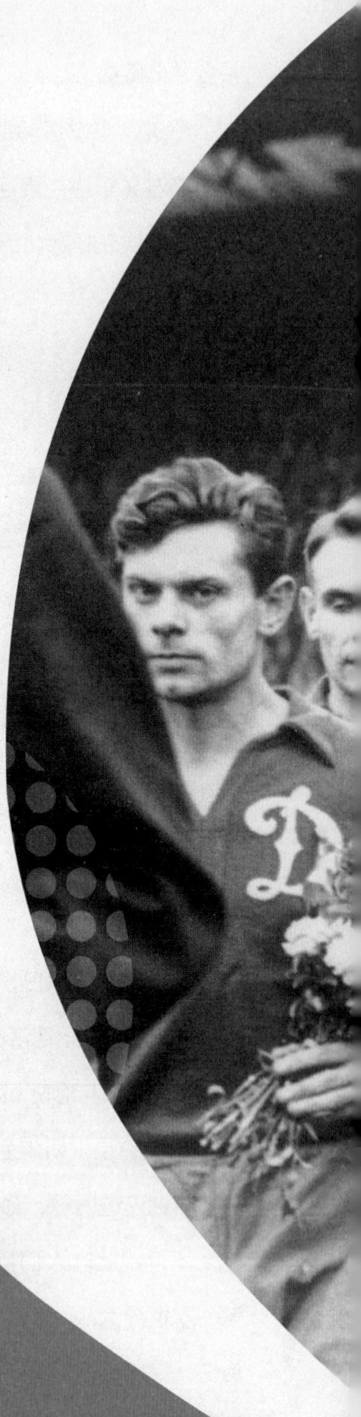

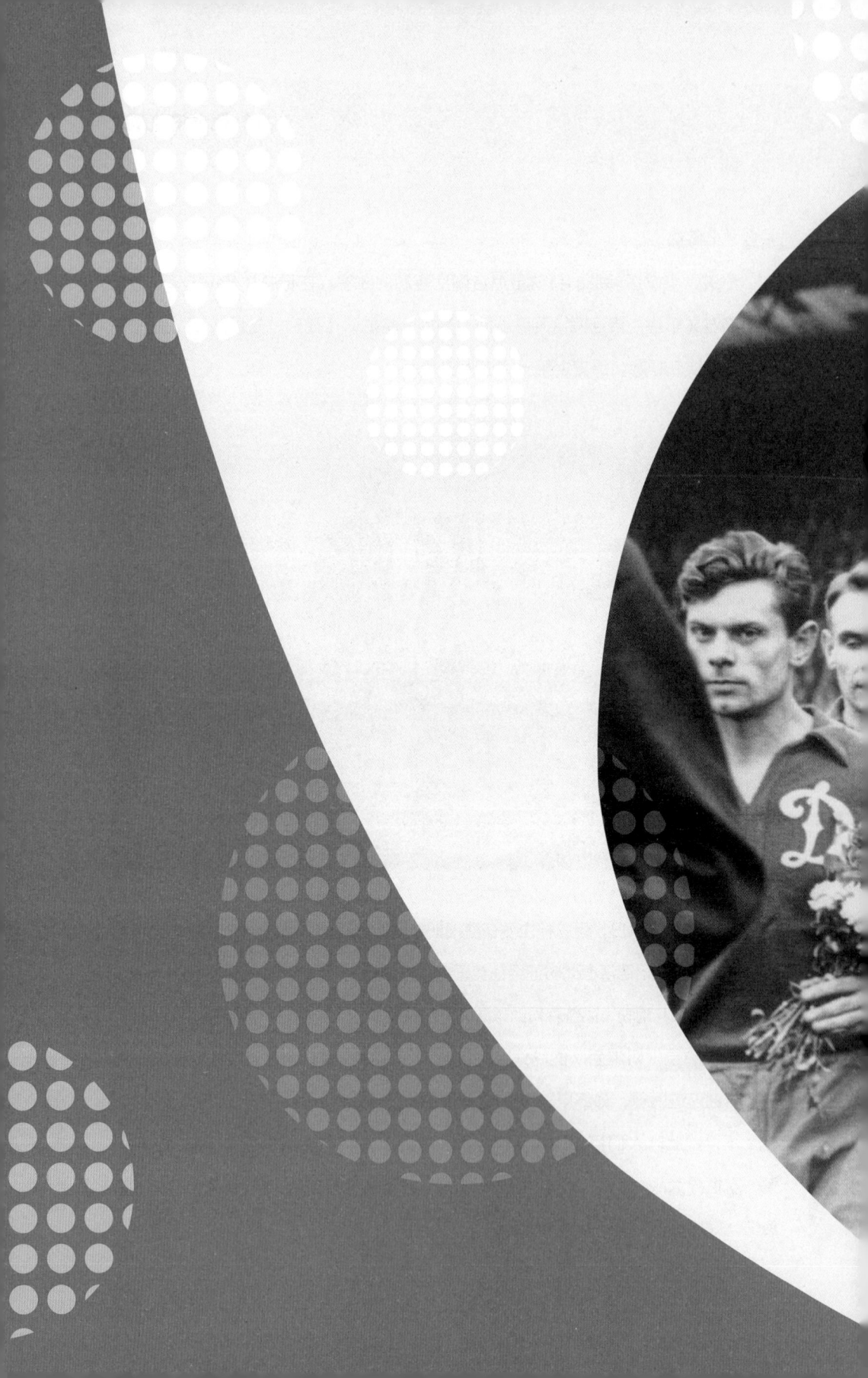

第二章
"金元时代"

从切尔西队创立者的身份和地位就可以看出,他们既有钱又有时间,搞足球就是为了娱乐,让自己和球迷都开心,至于冠军,那只是锦上添花的东西。

01

伦敦佬，有钱人！

在赛场外，切尔西队的经营也堪称英格兰足坛的典范。

01 伦敦佬，有钱人！

其实何止伍德沃德，第一次世界大战的浩劫让很多球员无奈地提前结束足球生涯。在内忧外患之下，切尔西队共有30场不胜，其中输了17场，最终在1914—1915赛季排名英甲倒数第二，惨遭降级。

不过，处于黑暗时期的"蓝军"并没有放弃希望，在卡尔达赫德的坚持下，切尔西队打造了球队历史上的第一套青训系统，一方面挖掘伦敦地区有足球天赋的青少年，另一方面大力吸纳因为战争而无球可踢的年轻球员。等到1918年英格兰足球总会（简称"英足总"）准备重新恢复足球联赛时，切尔西队已经成为一支青训完善、新星云集的"潜力股"。

当然，卡尔达赫德不仅善于培养年轻人，还很擅长引援。他以创纪录的2500英镑从哈德斯菲尔德队引进英格兰中锋杰克·科克。结果杰克·科克在切尔西队的首秀中就梅开二度，第一个赛季更是在30场联赛里打入22球！

此外，运气也站在了切尔西队这一边。1919—1920赛季，重启后的英甲"扩军"至22支球队，于是本来已经降级的"蓝军"得以继续留在顶级联赛。而在卡尔达赫德和杰克·科克的带领下，这支年轻的球队充满活力与朝气，在英格兰足坛掀起一股靓丽的青春风暴。

切尔西队一度占据积分榜榜首，但由于年轻球员缺乏经验，最终还是被伯恩利队和西布罗姆维奇队反超，排名第三，不过这已经是"蓝军"自创立以来的最高排名了。而在足总杯赛场上，切尔西队闯入了半决赛，可惜却输给了最后的冠军阿斯顿维拉队。

第二章 "金元时代"

在赛场外，切尔西队的经营也堪称英格兰足坛的典范。从1907—1908赛季到1914—1915赛季，球队每个赛季都实现了盈利，其中一个赛季的营业额达到22826英镑，创下了当时英格兰足坛的最高纪录。

不过，在赚钱之余，球队的股东也在积极回馈着社会。1912年4月，在泰坦尼克号沉没后，足球联盟成立了一项"泰坦尼克号福利基金"，没有任何一支球队的捐款接近切尔西队的500英镑。

02

20 世纪 30 年代的"金元足球"

为了让年轻球员安心留队,并吸引更多优秀球员加盟,切尔西队还成为英格兰足坛第一支公开设置高额薪水和赢球奖金的球队。

第二章 "金元时代"

切尔西队虽然有钱也有名，很受球迷的欢迎，但从来没有夺得过任何冠军，所以，球队中崭露头角的年轻球员很快就被其他强队给签走了，毕竟冠军奖杯才是一名球员从事职业足球的终极目标，这一点从古至今都没有变过。

接下来的1920—1921赛季，切尔西队的排名直接暴跌至第18位，只能说是勉强成功保级。1922—1923赛季，"蓝军"的表现更糟糕，42轮联赛竟然只赢了9场，是所有球队里最少的。幸运的是，切尔西队的平局较多，输球反倒不是最多的，最终排在第19名，再次惊险保级。

1923年，杰克·科克的离开让切尔西队再遭重创。青黄不接的"蓝军"在1923—1924赛季复制了一年前的仅有9场胜利，以倒数第二的成绩降入英乙。

吃一堑，长一智，切尔西队明白了一个道理：必须给年轻球员制定详细的合同，以防好不容易培养出来的人才被其他球队高价签走。于是从1924—1925赛季开始，进入切尔西队的青训球员都要签下一份英足总认可的合同，条款包括球员在合同期内的所有权完全属于切尔西队，不能和其他球队私下联系等。

为了让年轻球员安心留队，并吸引更多优秀球员加盟，切尔西队还成为英格兰足坛第一支公开设置高额薪水和赢球奖金的球队。安迪·威尔逊以6500英镑加盟"蓝军"，很大程度上就是因为高额薪水的诱惑。

02 20世纪30年代的"金元足球"

安迪·威尔逊效力切尔西队长达8年，还成为球队的队长，238场比赛攻进61球，但其中有6年只能混迹于英乙。"蓝军"距离升级总是差了一点点，直到1929—1930赛季才获得英乙亚军，时隔6年终于重返顶级联赛。

时值20世纪30年代，虽然"经济大萧条"刚刚开始，但一直憋着想花钱的切尔西队老板，总算可以借着升级的机会补强阵容了。

1930年夏天，切尔西队一下子引进三名球星，苏格兰中锋休吉·加拉赫、右边锋阿历克斯·杰克逊、内锋阿尔克·夏恩，总计花费2.5万英镑，这在当时可以说是让人难以想象的天价！

三人中名气最大的，无疑是加拉赫。他在纽卡斯尔联队成名，个人技术和进球能力都非常出色，四个赛季为切尔西队出场132次、打入72球，每个赛季都是队内的最佳射手，1931—1932赛季更是攻进30球，可以说是"蓝军"历史上的第一位超级巨星。

第二章 "金元时代"

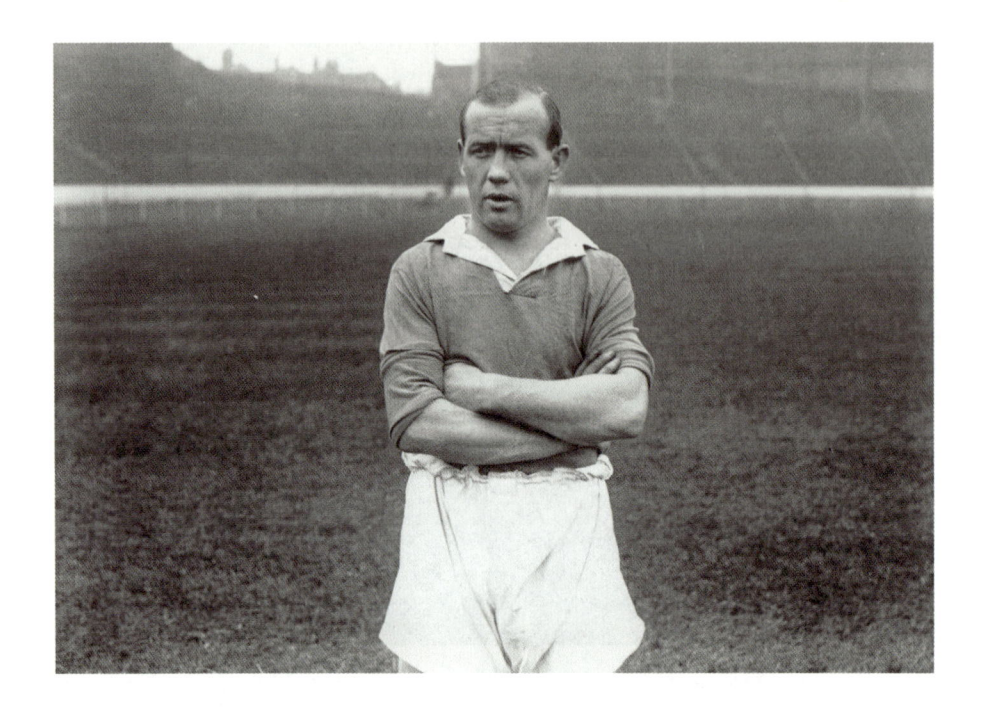

　　但是，加拉赫只知道卖弄球技，踢得太"独"，不听从教练的安排，毫无纪律性，经常无故缺席训练，甚至还因为辱骂裁判遭到过长期停赛。杰克逊和夏恩比较低调，奈何头号球星不愿意和他们配合，他们的发挥也受到了影响。

　　结果，切尔西队虽然花了很多钱，但只能排在英甲积分榜中游，根本不具备争冠的实力。在巨大的压力之下，执教球队超过四分之一个世纪的卡尔达赫德在1933年5月宣布退休，他的执教总场次达到惊人的966场！

　　卡尔达赫德虽不是切尔西队历史上最成功的主教练，但他历经浮沉，劳苦功高。他不仅率队首次征战英甲、夺得足总杯亚军，还建立青训体系、培养年轻球员，引领"金元足球"。鲜为人知的是，最先引进球衣号码的教练有两位，其中一位是阿森纳队名帅赫伯特·查普曼，另一位就是卡尔达赫德。

03

"金元足球"的失败

在"金元足球"失败之后,切尔西队开始检讨自己的错误,希望能够走出过于追求影响力和娱乐性的怪圈,不过,这也意味着"蓝军"不得不再次陷入沉寂。

第二章 "金元时代"

接替卡尔达赫德的是莱斯利·奈顿，他曾执教过阿森纳队和伯明翰队。不过新帅来了，切尔西队的成绩不升反降，甚至在1933—1934赛季陷入保级区。好在"蓝军"最终排在第19名，以2分的优势幸免于难。

1934年夏天，加拉赫与球队彻底闹翻，负气离开。两年之后，杰克逊和夏恩也走了。切尔西队短暂的"金元足球"时代就此结束，也宣告彻底失败。而这种失败，似乎从一开始就已经注定。

从切尔西队创立者的身份和地位就可以看出，他们既有钱又有时间，搞足球就是为了娱乐，让自己和球迷都开心，至于冠军，那只是锦上添花的东西。所以，切尔西队在引援方面的一贯策略，就是花大价钱签前锋，也就等于买进球。从乔治·希尔斯登到杰克·科克再到安迪·威尔逊，都是这一策略下的产物。

在1910年切尔西队首次降级之时，卡尔达赫德就因为在3月和4月连签6名球员，想要通过砸钱补强的方式来保级而遭到广泛批评，英足总因此设立了历史上的第一个转会截止日。

伦敦当地的媒体《工作报道报》就曾质疑道："切尔西队只是凭借无尽的财富走到了前列，这支球队缺乏体育严肃性，目的是娱乐，而不是成功。"

著名足球记者唐·戴维斯写道："自1905年成立以来，切尔西队一直被视为英格兰足球的盛大舞台，其主要职能就是向伦敦公众展示足球明星。前往斯坦福桥球场赚钱的球员，一起创造了英格兰足球'最放纵'的一支球队。这支球队在赞助人面前传播了丰富的娱乐活动，不是靠苦工的辛勤劳动，而是靠艺术家一般

03 "金元足球"的失败

的粗心大意,就像现代真人秀节目《切尔西制造》一样。"

在"金元足球"失败之后,切尔西队开始检讨自己的错误,希望能够走出过于追求影响力和娱乐性的怪圈,不过,这也意味着"蓝军"不得不再次陷入沉寂。

04

二战后的沉寂

第一次世界大战让切尔西队失去了伍德沃德等一大批球员，等到第二次世界大战结束之后，切尔西队的境遇更惨，战前的26名球员里竟然只有2人能够到斯坦福桥球场报到！

04 二战后的沉寂

1938—1939赛季，"蓝军"获得英甲第20名，以1分的优势惊险保级，比25年前的保级更加走运，但和25年前一样，世界大战又来了。

第一次世界大战让切尔西队失去了伍德沃德等一大批球员，等到第二次世界大战结束之后，切尔西队的境遇更惨，战前的26名球员里竟然只有2人能够到斯坦福桥球场报到！唯一值得庆幸的是，"蓝桥"没有在战争中被炸毁，并在1945年11月13日迎来了对阵莫斯科迪纳摩队的纪念赛。官方记录显示，那一场比赛有74496名观众到现场观战，但实际上有超过10万人涌入了斯坦福桥球场。

第二章 "金元时代"

这是切尔西队历史上第一次与外国球队交锋，但更重要的是，战争终于结束了，球迷终于又可以看比赛了，这种压抑已久的迫切渴望，也因为一场3比3的进球大战而得到释放。

进入新时代的切尔西队重拾青训传统。1939年接替莱斯利·奈顿执教的比利·比雷尔在战后招募了一些"蓝军"旧将，他们携手恢复青训系统和球探系统。当然，想要在英甲立足，不引援是不可能的。于是在1945年，切尔西队从埃弗顿队引进了英格兰中锋汤米·劳顿。

汤米·劳顿的进球能力非常强，他在1946—1947赛季的34场联赛中竟然斩获26球！然而，他与主教练比利·比雷尔发生冲突，在1947年拒绝和球队一起前往瑞典参加季前巡回赛，并在加盟一年多之后就要求转会。

汤米·劳顿希望能转投阿森纳队，但切尔西队不希望他加盟同城对手，想要将其转给桑德兰队，汤米·劳顿却不答应。最终，汤米·劳顿出人意料地选择加盟英格兰第三级别联赛的诺茨郡队，只因为该队主帅是他的好友。切尔西队则从他身上得到了2万英镑的创纪录转会费。

转过头来，切尔西队就将这笔转会费中的1.1万英镑，投在英格兰队球员罗伊·本特利的身上。

04 二战后的沉寂

本特利出生于1924年5月17日,14岁就离开学校,到布里斯托尔流浪者队的球场工作。后来,他又来到布里斯托尔城队,在二战期间,许多球员应征入伍,本特利因此成为主力。1946年,本特利加盟纽卡斯尔联队,踢了两个赛季,54场比赛打入25球,进球效率很高,因此得到了切尔西队的青睐。

在英甲中,切尔西队几乎每个赛季都要陷入保级泥淖当中。特别是1950—1951赛季,"蓝军"一度连续八轮不胜,眼看着就要降级了。但是在比利·比雷尔的带领下,切尔西队最后两轮竟然全胜,最终与谢菲尔德星期三队、埃弗顿队同积32分。

当时的规则是积分榜排名最后两位的球队降级,如果出现同分的情况,既不是看进球数和失球数之差(即"净胜球"),也不是看彼此之间的交锋成绩,而是看进球数除以失球数得出的数值大小。结果,切尔西队以0.044的极微弱优势位列倒数第三,可以说是经历了球队历史上最惊险的一次保级!

在足总杯赛场上,切尔西队倒是三年内两次进入四强,达到了卡尔达赫德时代结束之后的最高峰,可惜两次都被阿森纳队挡在决赛门外,依然与冠军无缘。

1952年,55岁的比利·比雷尔在与切尔西队的合同到期之后宣布退休,他执教切尔西队13年之久,跟随球队一起经历了第二次世界大战。二战结束之后,比利·比雷尔帮助球队重建青训体系,并引进了前锋罗伊·本特利、后卫约翰·哈里斯、边前卫肯·阿姆斯特朗、边锋埃里克·帕森斯等球员,为"蓝军"未来的辉煌奠定了基础。

第三章

50年等一冠

这是切尔西队成立50年来第一次夺得顶级联赛冠军,"蓝军"拥趸苦等半个世纪,终于看到心爱的球队修成正果。

01

20 世纪 50 年代的穆里尼奥

当时切尔西队球迷习惯在主场为对手的精彩表现献上掌声，德雷克公开表示，希望球迷能对对手少一些慷慨，多一些敌意，让"蓝桥"变成一座令对手害怕的球场。

01 20世纪50年代的穆里尼奥

下一任主帅,切尔西队相中了特德·德雷克。球员时代,德雷克是英格兰足坛最好的中锋之一,曾为阿森纳队两次夺得英甲冠军,一次问鼎足总杯。退役后,他执教过亨登队和雷丁队,率领后者两次夺得第三级别的南部联赛亚军,遗憾的是,只有冠军才有机会升入英乙。

切尔西队虽然不是传统豪门球队,且依旧无冠,但毕竟是英甲球队,而且还在伦敦,拥有大量的球迷,这对德雷克来说很有吸引力。但他并没有盲目接过切尔西队送来的聘书,而是先以私人身份邀请本特利和约翰·哈里斯一起打高尔夫球,"顺便"询问了切尔西队的情况。

满意之下,德雷克才点头应允,于1952年7月正式成为切尔西队的主教练。

第三章 50年等一冠

一到斯坦福桥球场，40岁的德雷克就锐意改革。他不喜欢球队"The Pensioners"（养老金领取者）这个绰号，于是将其正式改为"The Blues"（蓝军）；他也不满于切尔西队被人贴上"娱乐"的标签，要求球员放弃个人化的踢法，要像团队一样战斗，踢得更勇敢、更强硬。

当时切尔西队球迷习惯在主场为对手的精彩表现献上掌声，德雷克公开表示，希望球迷能对对手少一些慷慨，多一些敌意，让"蓝桥"变成一座令对手害怕的球场。这些听起来，是不是颇像50多年后切尔西队的另一位主帅若泽·穆里尼奥的风格？

当然，德雷克更多的是进行改革和创新。他是第一个将球探报告和有球训练引入"蓝军"的教练，一改过去切尔西队喜欢追求大牌球星的引援策略，非常善

01 20 世纪 50 年代的穆里尼奥

于从低级别联赛挖掘、引进未成名球员。内锋约翰·迈尼克尔、边锋弗兰克·布伦斯通、边前卫德雷克·桑德斯、内锋吉姆·刘易斯、后卫皮特·西莱特和西姆斯·奥康奈尔，都是他一手引进的。

德雷克任命本特利为队长，以他为球队的绝对核心。约翰·哈里斯也继续得到重用，本来在新帅到来前，他收到米德兰地区一支球队的诚挚邀请，对方不仅开出1000英镑的年薪，还有住房和奖金，但他拒绝了这一邀请。约翰·哈里斯本人滴酒不沾，从不抽烟，是个性格沉静的单身汉，被誉为"绅士哈里斯"。他虽然身材不够强壮，但抢断能力和位置感超强，既能踢后卫，又能胜任中前卫。

其实一开始，德雷克对约翰·哈里斯不是很信任，毕竟当时后者已经35岁，所以引进了斯坦·维克斯准备替代他。但约翰·哈里斯用实际行动征服了主帅的心，斯坦·维克斯反倒成为中前卫罗恩·格林伍德的替补。

不过，德雷克对约翰·哈里斯的要求非常严格。在一场对阵纽卡斯尔联队的比赛中，德雷克叮嘱道："绝不能让对方边锋米切尔突破成功两次以上，否则就把他一脚踢上天，以便确保这种情况不会出现第三次。"10分钟后，米切尔就被四脚朝天地抬下场，德雷克真是把"绅士哈里斯"都给逼急了。

02

超强阵容,组建完毕

虽然切尔西队最终还是输了,但这场跌宕起伏的较量堪称球队历史最佳比赛之一。

02 超强阵容，组建完毕

在德雷克的阵容里，埃里克·帕森斯和弗兰克·布伦斯通担任边锋，负责为中锋本特利输送"炮弹"。左边锋弗兰克·布伦斯通18岁就加盟切尔西队，他的个子很矮，喜欢低着头沿边线带球过人，但送出的传中球非常精准。他还是位硬汉，他的兄弟死于交通事故，葬礼结束后，德雷克打电话告诉他有一场比赛要踢，如果他参赛，那将是他的切尔西队首秀。与母亲商量后，弗兰克·布伦斯通立刻整理好悲伤的情绪，返回伦敦，并在与热刺队的首秀中打入一球！

另一位必须介绍的进攻球员是爱尔兰内锋西姆斯·奥康奈尔，他以业余球员的身份为切尔西队效力，同时还是非职业球队比绍普奥克兰队的球员。他平时不和切尔西队的球员一起训练，只是在比赛日与球队会合几个小时，还曾因参加业余比赛而缺席联赛。

这种情况在现代足坛极其罕见，但放在当时并不奇怪，因为职业联赛有限薪令，有时候球员为业余球队踢球反而赚得多，所以很多球员为了养家糊口，首选踢业余比赛。不过西姆斯·奥康奈尔的能力毋庸置疑，在代表切尔西队的首秀中，他就上演了帽子戏法。

在1954—1955赛季到来之前，切尔西队的主力阵容已经搭建完毕：门将是大块头的比尔·罗伯逊；后防线上，英格兰队的斯坦·威廉姆瑟与约翰·哈里斯搭档；中场三人组是肯·阿姆斯特朗、斯坦·维克斯和擅长拦截与长传的德雷克·桑德斯；进攻线上，弗兰克·布伦斯通和埃里克·帕森斯在左右两边，约翰·迈尼克尔和西姆斯·奥康奈尔担任内锋，中锋当然就是本特利了。

第三章 50年等一冠

上个赛季，切尔西队最终排名第八，虽然这已是球队自1935—1936赛季以来的最佳战绩，但即将迎来成立50周年的"蓝军"，自然希望在这个赛季拿到历史上的第一个冠军。

不过一向尖酸刻薄的英国媒体表示：即便切尔西队真能如愿以偿，夺得的也只会是足总杯冠军，不可能是联赛冠军！但德雷克和本特利可不这么认为，切尔西队长本特利说道："声称我们距离联赛垫底有多近的论调太老套了，我们现在想的是距离冠军有多近！"

新赛季开始，切尔西队的首轮对手是15年来首次杀入英甲的莱斯特城队，最终双方战成1比1，为"蓝军"扳平比分的是本特利。比没能取得开门红更糟糕的是，弗兰克·布伦斯通在比赛中踝关节受伤，将休战三个月。

第二轮对阵伯恩利队，顶替弗兰克·布伦斯通穿上11号球衣的是吉姆·刘易斯，而正是他为埃里克·帕森斯送出的助攻，帮助后者打入制胜球，切尔西队主场1比0力克对手，取得赛季首胜。

前五轮2胜3平，切尔西队的开局中规中矩，而第一场失利来自9月6日主场与普雷斯顿队的一战。对手的当家球星是汤姆·芬尼，这位边锋是全英格兰的偶像，驾临斯坦福桥球场时也得到了切尔西队球迷的热烈欢迎。汤姆·芬尼虽然已经32岁，但仍是决定比赛胜负的关键人物，他送出助攻帮助博比·福斯特破门，"蓝军"因此0比1输掉比赛。

进入10月，切尔西队五轮比赛一场未胜，其中还包括四连败，根本不像一支

02 超强阵容，组建完毕

有能力夺冠的球队。

四连败中的一场是10月16日主场迎战马特·巴斯比率领的曼联队的比赛。这是一场进球大战，曼联队凭借邓肯·爱德华兹助攻丹尼斯·维奥莱特先拔头筹，但西姆斯·奥康奈尔与吉姆·刘易斯接连进球为切尔西队反超比分，汤米·泰勒和丹尼斯·维奥莱特的进球又将形势逆转，而这只是上半场。

下半场，汤米·泰勒梅开二度，丹尼斯·维奥莱特完成帽子戏法，曼联队5比2领先。肯·阿姆斯特朗追回一球，紧接着杰基·布兰奇弗劳尔攻入曼联队的第6球。随后是西姆斯·奥康奈尔的个人表演时间，完成切尔西队首秀的他在下半场攻入两球，上演帽子戏法，将比分追至5比6！

第三章 50年等一冠

虽然切尔西队最终还是输了,但这场跌宕起伏的较量堪称球队历史最佳比赛之一。后来,德雷克回忆道:"这是一场让我毕生难忘的比赛,我从未在斯坦福桥球场见过如此令人目眩神迷的比赛。"

03

向着冠军，冲啊！

在4比1战胜哈德斯菲尔德队之后，切尔西队距离第一名狼队只差3分，落后第二名桑德兰队仅2分，争冠的冲刺阶段来了！

第三章 50年等一冠

15轮战罢,切尔西队取得5胜5平5负的战绩,这哪里有争冠球队的样子?直到11月中旬,"蓝军"才在热刺队身上找到胜利的感觉,终止六轮不胜的尴尬。随之而来的是取得四连胜,尤其是在客场4比3击败夺冠热门球队伍尔弗汉普顿流浪者队(简称"狼队")一战,最能提振球队的士气。

斯坦·库利斯执教的狼队是1953—1954赛季的英甲冠军,也是这个赛季英甲的领头羊。上个赛季切尔西队在客场与其对阵,遭遇过1比8的惨败。旨在"复仇"的"蓝军"此番先声夺人,由约翰·迈尼克尔先入一球,但1分钟后狼队就扳平比分。随后,本特利帮切尔西队再度取得领先,狼队再次扳平!

第83分钟,狼队获得点球并主罚命中,3比2,胜利的天平似乎向主队无限倾斜。然而好戏还没结束,莱斯·斯塔布斯在第86分钟将比分扳成3比3。重新开球后不久,又是本特利挺身而出,击碎狼队的防守打入绝杀球。

4比3!切尔西队的这场胜利不仅震撼了狼队球迷,也震惊了整个英格兰足坛,直到这时候,部分英国媒体才开始认可这支"蓝军"的实力。

切尔西队在1954年的征程以主场1比1战平阿森纳队结束,此时"蓝军"的联赛排名是第5名。1955年元旦当天,"蓝军"客场5比2大胜博尔顿队,本特利梅开二度。但这场比赛的最大新闻不是进球,而是一次犯规:威廉姆瑟踢倒博尔顿队的哈罗德·哈塞尔,导致后者的膝关节脱臼,被抬出球场送到医院治疗。经过检查,哈塞尔的伤情比想象中严重,他再也无法参加足球比赛了!

犯规的威廉姆瑟自然受到了球迷和媒体的一致批评,而德雷克的反应更是

03 向着冠军，冲啊！

火上浇油：他声称威廉姆瑟当时距离犯规事发地至少30码（1码约等于0.9144米），与哈塞尔的受伤毫无关系。即便是切尔西队球迷也认为主帅的这一说法是在颠倒是非。媒体对"蓝军"的好感度也因为这起事件而直线下降，一致将矛头对准德雷克和他的球队，抨击其球风粗野，为了胜利不择手段。

也许是因为受到舆论的影响，切尔西队紧接着0比2负于曼城队，1比1战平埃弗顿队，随后又在足总杯16强比赛中不敌诺茨郡队，被淘汰出局。好在凭借本特利的赛季首个帽子戏法，"蓝军"主场4比3力克纽卡斯尔联队，总算稳住局面。在4比1战胜哈德斯菲尔德队之后，切尔西队距离第一名狼队只差3分，落后第二名桑德兰队仅2分，争冠的冲刺阶段来了！

04

50 年修成正果

切尔西队在主场3比0完胜对手率先完成任务,然后静候朴次茅斯队那边的结果。

04 50年修成正果

客场2比3负于阿斯顿维拉队只是一个插曲，切尔西队前进的脚步从未如此迅猛。在战胜西布罗姆维奇队、查尔顿队和卡迪夫城队之后，"蓝军"终于暂时登上积分榜榜首的宝座，不过狼队仅落后1分，还少赛两场，所以舆论普遍认为狼队仍是夺冠头号球队。

1955年3月29日，切尔西队迎来桑德兰队的挑战，对手仅落后2分，仍有夺冠希望。不过比赛开始仅15分钟，"蓝军"就取得2比0领先，最终在主场2比1取胜，进一步巩固领先优势，同时也将桑德兰队的夺冠梦想彻底击碎。

接下来，切尔西队在客场4比2战胜热刺队，但这场比赛引发巨大争议，争议焦点还是"蓝军"的足球风格：注重身体对抗，不惜用犯规来阻止对手的进攻。威廉姆瑟在30秒内连续放倒两名热刺队球员，热刺队球迷发出嘘声，他向其比出"V"字形的挑衅手势，这一举动点燃了热刺队拥趸的怒火。比赛结束后，威廉姆瑟跑着逃进球员通道。

对此，英国著名媒体《泰晤士报》批评道："切尔西队踢人甚于踢球，这支球队的表现难以令人信服。"但能从白鹿巷球场带走胜利，对于德雷克和他的球队来说，这就足够了。

在1比1战平谢菲尔德联队之后，切尔西队终于迎来与狼队的"天王山之战"。这一次比赛在斯坦福桥球场举行，过程没有首回合的较量那么精彩，两队都有进球机会，但迟迟未能把握住。关键时刻，西姆斯·奥康奈尔挺身而出，造成狼队球员比利·赖特手球犯规，获得点球。

第三章 50年等一冠

要知道,切尔西队一度遭遇"点球魔咒"——各项赛事连续5次点球不中,但这一次,皮特·西莱特没有错过机会,他主罚命中。正是凭借这一点球,"蓝军"1比0力克狼队。

倒数第三轮,切尔西队面对另一个争冠对手朴次茅斯队,双方0比0握手言和。七天后,"蓝军"的对手是谢菲尔德星期三队,而朴次茅斯队的对手则是卡迪夫城队,如果切尔西队取胜而朴次茅斯队不胜,那么切尔西队就将提前一轮夺得英甲冠军。

切尔西队在主场3比0完胜对手,率先完成任务,然后静候朴次茅斯队那边的结果。结果是令人欢欣鼓舞的:朴次茅斯队获得一场平局,这就意味着切尔西队成了1954—1955赛季的英甲冠军!

这是切尔西队成立50年来第一次夺得顶级联赛冠军,"蓝军"拥趸苦等半个世纪,终于看到心爱的球队修成正果。而切尔西队之所以能夺冠,按照著名足球作家布莱恩·格兰维尔的观点,是因为"切尔西队没有引进高价球员,而是以最小的代价将球队团结在一起"。这当然与主帅德雷克的个人魅力和手腕有关。

然而,德雷克亲手组建起这支冠军之师,也亲手将它拆散。1955—1956赛

04 50年修成正果

季,身为上个赛季英甲冠军的切尔西队成绩大幅滑落,最终仅排名第16位。德雷克非常不满球员的表现,于是开始清洗夺冠功臣。

1956年,罗伊·本特利、约翰·哈里斯、埃里克·帕森斯、斯坦·维克斯、斯坦·威廉姆瑟、西姆斯·奥康奈尔六大主力竟然同时离开!最令人意想不到的是本特利的转会,他伤心地说道:"我不敢相信,我曾被许诺过会在退役后进入教练组,永不离开切尔西队。但这不是德雷克的错,他说如果他能做主,我会留下。"但最后这句话听起来更像是厚道的本特利为教练说好话。

德雷克清洗老将,是为了尽快提拔年轻人上位。这批新人被称为"德雷克的小鸭子"。之后几个赛季,随着肯·阿姆斯特朗退役、约翰·迈尼克尔和吉姆·刘易斯离队,到了20世纪50年代末,当年夺冠的球员里只剩下弗兰克·布伦斯通和皮特·西莱特。

德雷克的背伤再次发作,导致他远离训练场,更多时间待在办公室,切尔西队的处境每况愈下。直到1961年9月,德雷克不再担任"蓝军"主帅,前往富勒姆队担任预备队教练,此后他还当过富勒姆队的总监和终身主席。

1995年5月30日,德雷克去世,享年82岁。直到离开人世,他仍未能看到切尔西队第二次夺得顶级联赛的冠军。

49

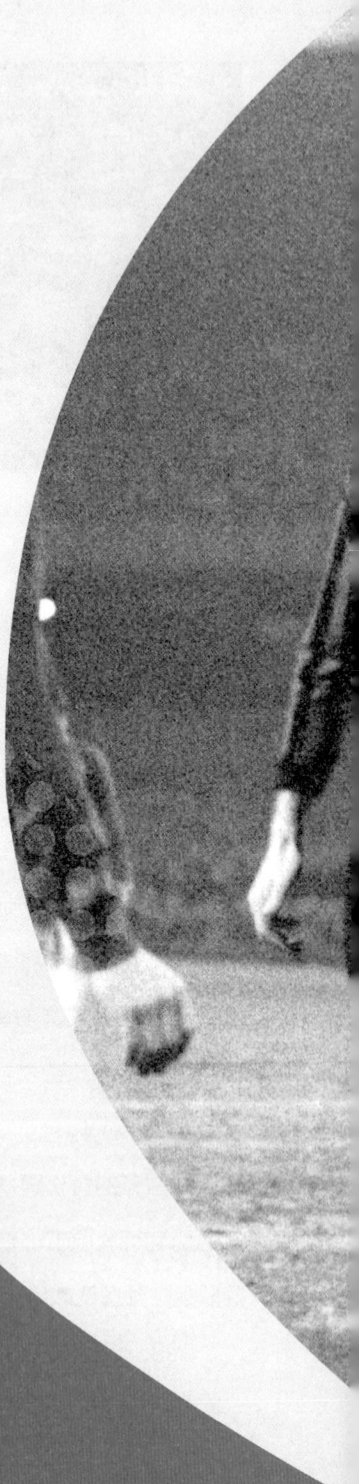

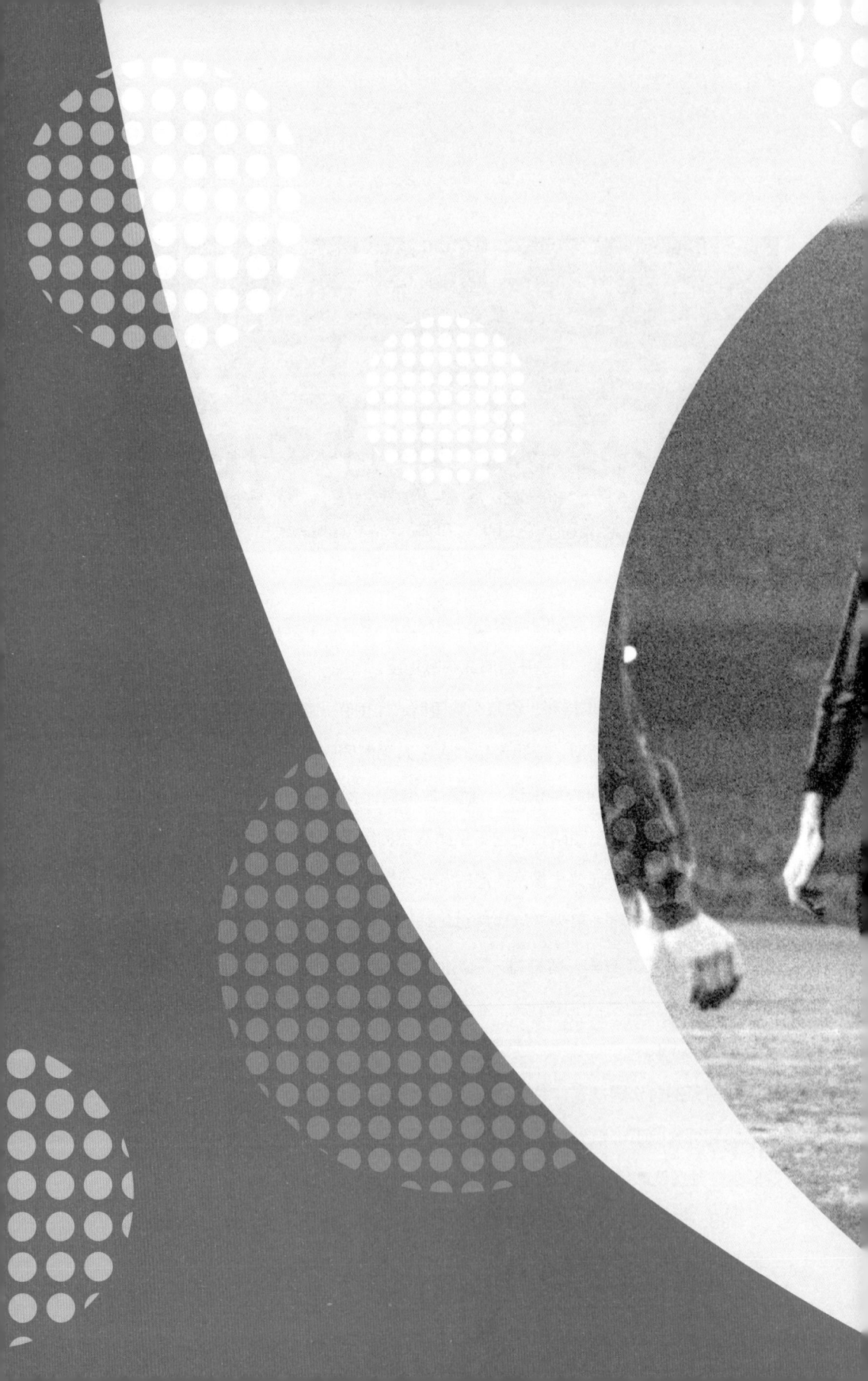

第四章
再创辉煌

就这样,切尔西队2比1取胜,终于捧起了球队历史上的第一座欧洲赛事冠军奖杯,也登上了前所未有的顶峰。

01

超级射手

在很多人看来，吉米·格里夫斯是英格兰足球历史上最伟大的终结者之一。

01 超级射手

1955年,除了切尔西一线队夺得英甲冠军之外,预备队、青年队和少年队也在这个赛季包揽了各自联赛的冠军,完成了前所未有的"大四喜"。而在"德雷克的小鸭子"里面,最先实现突破的是鲍比·史密斯,他在1953年就完成了切尔西一线队首秀,但最成功的当数吉米·格里夫斯。

第四章 再创辉煌

在很多人看来，吉米·格里夫斯是英格兰足球历史上最伟大的终结者之一。他在切尔西青年队效力的第一个赛季，就打入了创纪录的114球！所以当1957—1958赛季他在对阵热刺队的比赛中上演一线队首秀时，人们已经对他产生了浓厚的兴趣，而年仅17岁的吉米·格里夫斯也用首秀证明了自己的天赋。

在切尔西队的四个赛季里，吉米·格里夫斯只出场169次，就打入132球，进球效率奇高无比。尤其是在1960—1961赛季的英甲中，他出场40次收获41球，场均进球数超过1球，这一纪录至今无人能破。

不过在德雷克离开之后，吉米·格里夫斯也在1961年被切尔西队转给了意大利的AC米兰队，转会费达到8万英镑！他在斯坦福桥球场留下了13次帽子戏法，包括3次"大四喜"和3次"五子登科"。

然而，吉米·格里夫斯在意大利待得并不如意，不到一年就重返英格兰，先后加盟热刺队、西汉姆联队，在英甲联赛效力10多年，最终以357球加冕英格兰顶级联赛的历史射手王。同样，这一纪录至今无人能破。

02

无缘欧冠

切尔西队未能顶住来自英足总的巨大压力,最终未能成为第一支参加欧冠的英格兰球队。

第四章 再创辉煌

也是在1955年，法国体育媒体《队报》策划了一项由欧洲各支顶级联赛冠军球队参加的杯赛，并将其命名为"欧洲冠军俱乐部杯"（欧洲冠军联赛的前身，统一简称"欧冠"），英甲冠军切尔西队自然收到了邀请。

然而，英足总却横加干涉，不允许切尔西队去参赛，给出的理由是"蓝军"作为英格兰的球队，更应该把精力放在本土的比赛上，而不该去关注英格兰之外的事务。切尔西队未能顶住来自英足总的巨大压力，最终未能成为第一支参加欧冠的英格兰球队。

不过到了1958—1959赛季，切尔西队还是获得了参加欧洲赛事的机会，在国际城市博览会杯上完成了在欧洲赛场上的第一次亮相。

第一轮，"蓝军"以两回合7比2的总比分大胜来自丹麦的球队，吉米·格里夫斯两场比赛打入3球。但是在1/4决赛，"蓝军"在首回合1比0取胜的情况下，次回合惨遭1比4逆转，最终输给了来自南斯拉夫的球队，止步八强。

在英甲的赛场上，切尔西队的表现同样不尽如人意。德雷克和吉米·格里夫斯的离开，让切尔西队瞬间坠入深渊。1961—1962赛季，从德雷克手中仓促接过切尔西队教鞭的苏格兰人汤米·多切蒂最终率队降入英乙，这是球队自1923—1924赛季之后的首次降级！

汤米·多切蒂的球员生涯是在切尔西队结束的。起初，他在队中任职球员兼教练，球队降级之后成为真正的主教练。不过切尔西队降入英乙后，他反而没有那么大的压力了，于是在球队高层的支持下进行换血。

02 无缘欧冠

汤米·多切蒂清洗掉了一大批老将，同时提拔了不少年轻球员进入一线队。切尔西队的青训在这一时期内不断结出硕果，青年队在1960年和1961年蝉联青年足总杯的冠军，其中的很多人都得到了主教练的认可与信任。

第四章 再创辉煌

前锋博比·坦布林，将在未来成为切尔西队历史上最伟大的球员之一，他保持了长达47年之久的历史进球纪录，直到2013年才被弗兰克·兰帕德打破，但是，他依然是"蓝军"的顶级联赛历史射手王。

还有中场特里·维纳布尔斯，后来当上了英格兰队的主教练。门将彼得·博内蒂，被誉为切尔西队历史上最伟大的门将之一，也是夺得1966年世界杯冠军的英格兰队中的一员。还有另一位前锋巴里·布里奇斯，他是博比·坦布林的锋线搭档，能踢边锋、中锋等多个位置。

这批青年才俊成长非常迅速，只用了一个赛季就让切尔西队重返英甲，第二个赛季就帮助"蓝军"跻身积分榜前五。"来吧，我的小钻石！"多切蒂朝着一众球员兴奋地喊道。于是，切尔西队的另一个绰号就此诞生。

03

杯赛首冠

1964—1965赛季的切尔西队,其实已经具备了成为"三冠王"的实力。

第四章 再创辉煌

20世纪60年代的英格兰足坛，和切尔西队一样生机勃勃。泛光灯的出现，让包括斯坦福桥球场在内的所有球场变成了剧院，球迷可以在晚上去现场看比赛了，夜生活变得更加丰富。标志性足球节目《今日比赛》的推出，更令电视成为最主要的足球传播媒介。

因为诙谐幽默，汤米·多切蒂成了《今日比赛》和英国报纸喜欢追逐的人物，而他也走上了时尚的前沿，推出全新的切尔西队球衣：白色短裤换成蓝色，蓝色袜子换成白色，看起来非常华丽、吸引眼球，和切尔西队的比赛风格一样。

多切蒂则承认，自己的战术打法受到了南美足球和西班牙足球的影响，甚至就连当时巴西有名的音乐家吉尔伯托·吉尔和卡埃塔诺·维罗索流亡到伦敦时，也成了切尔西队的球迷，经常去斯坦福桥球场看比赛。联邦德国队甚至主动要求与切尔西队进行友谊赛，以便备战1966年世界杯！

1964年，多切蒂又在切尔西青年队里发现了一颗璀璨的明珠，他就是彼得·奥斯古德。

奥斯古德出生于1947年2月20日，从小就显露出超群的足球天赋。最开始，他得到了阿森纳队的训练合同，但由于非常满意自己砌砖匠的工作，竟然拒绝了！随后，奥斯古德的叔叔专门写信给切尔西队进行推荐，多切蒂亲自考察了奥斯古德，并在一场试训比赛的中途让他下场，立刻与这个年轻天才签约。

1964—1965赛季的切尔西队，其实已经具备了成为"三冠王"的实力。英甲中，"蓝军"一路高歌猛进，上半程只输了3场比赛，一举跻身争冠行列！然而

03 杯赛首冠

让人意外的是，最后三轮"蓝军"突然掉了链子，竟然遭遇三连败，最终落得英甲第三名，距离冠军只差5分而已。

　　足总杯的赛场上，切尔西队连过四关晋级半决赛，可惜0比2输给了利物浦队，无缘决赛。不过在联赛杯中，"蓝军"的表现更加出色，一路打进决赛。尤其是1/4决赛，在与沃金顿队的重赛中，17岁的奥斯古德完成了切尔西一线队的首秀，上演梅开二度的好戏，帮助球队2比0淘汰对手，就此一战成名！

　　当时的联赛杯决赛，是主客场两回合制。首回合，切尔西队坐镇斯坦福桥球场，依靠博比·坦布林和特里·维纳布尔斯的进球两次领先，但两次都被莱斯特城队扳平，直到最后时刻，左后卫埃迪·麦克格雷迪后场断球后长途奔袭，打入绝杀球，才让"蓝军"3比2险胜，占据先机。

第四章 再创辉煌

次回合，切尔西队与莱斯特城队0比0握手言和，这样一来，"蓝军"就夺得了球队历史上的第一座杯赛奖杯，也是各项赛事的第二个冠军。

04

功勋下课

汤米·多切蒂可以说是在穆里尼奥之前切尔西队最具魅力的主教练,其独具特色的打法风格,也让"蓝军"成为当时英格兰足坛最具观赏性、球迷人数最多的球队之一。

第四章 再创辉煌

1965—1966赛季，切尔西队没有继续参加联赛杯（当时的规则是可以选择是否参赛），而是去参加国际城市博览会杯。

第一轮，"蓝军"首回合主场4比1大胜意大利的罗马队，特里·维纳布尔斯上演帽子戏法，这也让次回合的0比0成为走过场。第二轮面对奥地利的维也纳体育队，切尔西队在首回合0比1告负的情况下，在次回合以2比0完成逆转，最终以2比1的总比分淘汰对手。

04 功勋下课

第三轮,切尔西队又遇到一支意大利球队,那就是AC米兰队。这次交锋很有意思,两回合的比分都是2比1,两队各赢一场,加赛则是1比1,还是平局!当时没有点球大战,所以只能通过掷硬币的方式来决出赢家,切尔西队笑到了最后。

"蓝军"1/4决赛的对手是慕尼黑1860队,从客场带走一场2比2的平局,回到斯坦福桥球场1比0小胜,历史上第一次进入欧洲赛事的四强!

半决赛,切尔西队碰上了西班牙的巴塞罗那队(简称"巴萨队")。第一回合原本应该在斯坦福桥球场进行,但是大雨导致球场积水,只能延期。

比赛先在西班牙打响,巴萨队2比0取胜。不过回到"蓝桥",切尔西队回敬了一个2比0,总比分战平,双方不得不再赛一场。不过这一次不需要扔硬币了,因为巴萨队取得5比0的大胜,切尔西队惨遭淘汰,未能跻身欧洲赛事的决赛。

这个赛季,切尔西队还进入了足总杯的半决赛,可惜输给了谢菲尔德星期三队。汤米·多切蒂对球员的表现非常不满,双方的裂痕进一步加深,而裂痕的出现,则要追溯到上一个赛季。

当时的切尔西队在英甲最后三轮比赛中遭遇三连败,在输给利物浦队之后,汤米·多切蒂就对球队实行了宵禁。然而以队长特里·维纳布尔斯为首的8名球员违反禁令,偷偷溜了出去,这让主教练勃然大怒,直接将他们排除在比赛名单之外,导致切尔西队2比6惨败给伯恩利队!

1965—1966赛季结束后,特里·维纳布尔斯要求离队,与他一起的还有巴里·布里奇斯,于是两人被切尔西队出售,前者去了热刺队。没想到时隔一年,特里·维纳布尔斯就与老东家在足总杯决赛上重逢了,结果他帮助新东家2比1取胜,让"蓝军"屈居亚军。

在这场决赛之前,切尔西队球员和管理层之间发生了奖金和票务方面的冲突。而在1967年夏天,多切蒂在率领球队前往百慕大参加巡回赛时与裁判发生口角,被英足总禁赛28天,这也成了压倒他的最后一根稻草。随后,多切蒂辞去了

第四章 再创辉煌

切尔西队主帅的职务。

汤米·多切蒂可以说是在穆里尼奥之前切尔西队最具魅力的主教练，其独具特色的打法风格，也让"蓝军"成为当时英格兰足坛最具观赏性、球迷人数最多的球队之一。后来，汤米·多切蒂还担任过曼联队的主教练。

05

问鼎足总杯

在这一刻,戴夫·塞克斯顿已经和汤米·多切蒂一样成功了,但仅仅一年之后,他就更加成功了。

第四章 再创辉煌

在1966—1967赛季的足总杯决赛中，如果彼得·奥斯古德在场的话，也许切尔西队的结局会变得不一样。遗憾的是，奥斯古德在1966年10月就遭受重伤，等到下个赛季复出之后，切尔西队的主教练已经换成了戴夫·塞克斯顿，奥斯古德的球衣号码也换成了4号，位置从前锋变成了中场。

奥斯古德称自己在重伤之后，再也回不到从前的状态，尤其是无法减重。不过，他的进球能力依然非常突出，在1967—1968赛季的英甲中打入16球，第一次成为队内最佳射手，切尔西队的拥趸也开始用演唱歌曲的方式称奥斯古德为"斯坦福桥之王"。

05 问鼎足总杯

戴夫·塞克斯顿与前任主帅有所不同，他注重进攻的同时也非常重视防守。在他的执教下，切尔西队的联赛排名稳步提升，从第六到第五，再到1969—1970赛季的第三。不过这个赛季，"蓝军"更大的成功来自足总杯。

从足总杯第三轮开始，奥斯古德每轮比赛都有进球入账，率领切尔西队连续淘汰伯明翰队、伯恩利队、水晶宫队和沃特福德队，最终与利兹联队会师决赛。

这已经是两支球队在这个赛季的第五次交手了，彼此可以说是知根知底。在温布利球场，利兹联队两次取得领先，但彼得·豪斯曼和伊恩·哈钦森分别为切尔西队扳平比分，尤其是后者在第86分钟打入的绝平球，至关重要。

2比2战平，两队移师曼彻斯特的老特拉福德球场进行重赛。这一次，还是利兹联队率先取得领先，但在第78分钟，奥斯古德头球破门，将比分扳平，也将比赛拖入加时赛。

第四章 再创辉煌

第104分钟,伊恩·哈钦森的大力界外球发挥作用,他将球扔到禁区,造成利兹联队后防的恐慌,球从球门的前立柱弹到了后立柱,大卫·韦伯跟上将球送入网窝,绝杀!

一场跌宕起伏、精彩刺激的重赛,让切尔西队终于夺得了球队历史上的第一个足总杯冠军,也是第二个英格兰赛场的杯赛冠军。在这一刻,戴夫·塞克斯顿已经和汤米·多切蒂一样成功了,但仅仅一年之后,他就更加成功了。

06

欧战称王,登至顶峰

欧洲优胜者杯奖杯虽然分量不如欧冠奖杯,却也是一座欧洲赛事的奖杯。

第四章 再创辉煌

这座足总杯奖杯，让切尔西队获得了下个赛季欧洲优胜者杯的参赛资格。1970—1971赛季，"蓝军"再次出征欧洲赛场，前两轮非常轻松地淘汰了来自希腊和保加利亚的对手。

1/4决赛，切尔西队遇上比利时的布鲁日队，首回合就遭到打击，客场0比2告负。回到斯坦福桥球场，奥斯古德挺身而出，在第81分钟打入绝平球，将总比分扳成2比2平，他在加时赛又梅开二度，最终率领球队完成大逆转，跻身四强！

进球之后，奥斯古德激动地跳过球场护栏，被激动的球迷吞没。他后来回忆道："在那一刻，球迷和我是一体的，我们在喜悦之中团结在一起。"

半决赛上演"英格兰内战"，切尔西队的对手是曼城队。虽然奥斯古德因伤缺席，但"蓝军"以2比0的总比分淘汰对手，历史上第一次进入欧洲赛事的决赛！

06 欧战称王，登至顶峰

欧洲优胜者杯奖杯虽然分量不如欧冠奖杯，却也是一座欧洲赛事的奖杯。切尔西队面对的还是西班牙足球甲级联赛（简称"西甲"）豪门球队皇家马德里队（简称"皇马队"）——欧冠夺冠次数最多的球队。

伤愈复出的奥斯古德再次发威，他在第56分钟左脚抽射打破僵局，但是皇马队在第90分钟打入绝平球。接下来的加时赛，两队再无建树，最终1比1战平，由于当时还没有点球大战，双方只能进行重赛。

仅仅两天之后，双方就在同一块场地再次交锋。结果这一次切尔西队在上半场就锁定胜局，约翰·邓普希和奥斯古德在第33分钟和第39分钟各入一球！皇马队虽然在下半场扳回一球，但无力回天。

就这样，切尔西队2比1取胜，终于捧起了球队历史上第一座欧洲赛事冠军奖杯，也登上了前所未有的顶峰。

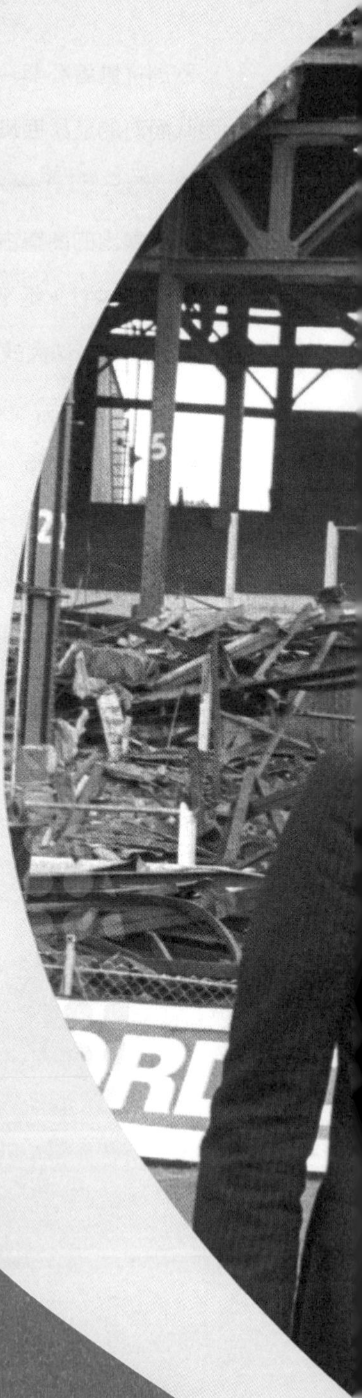

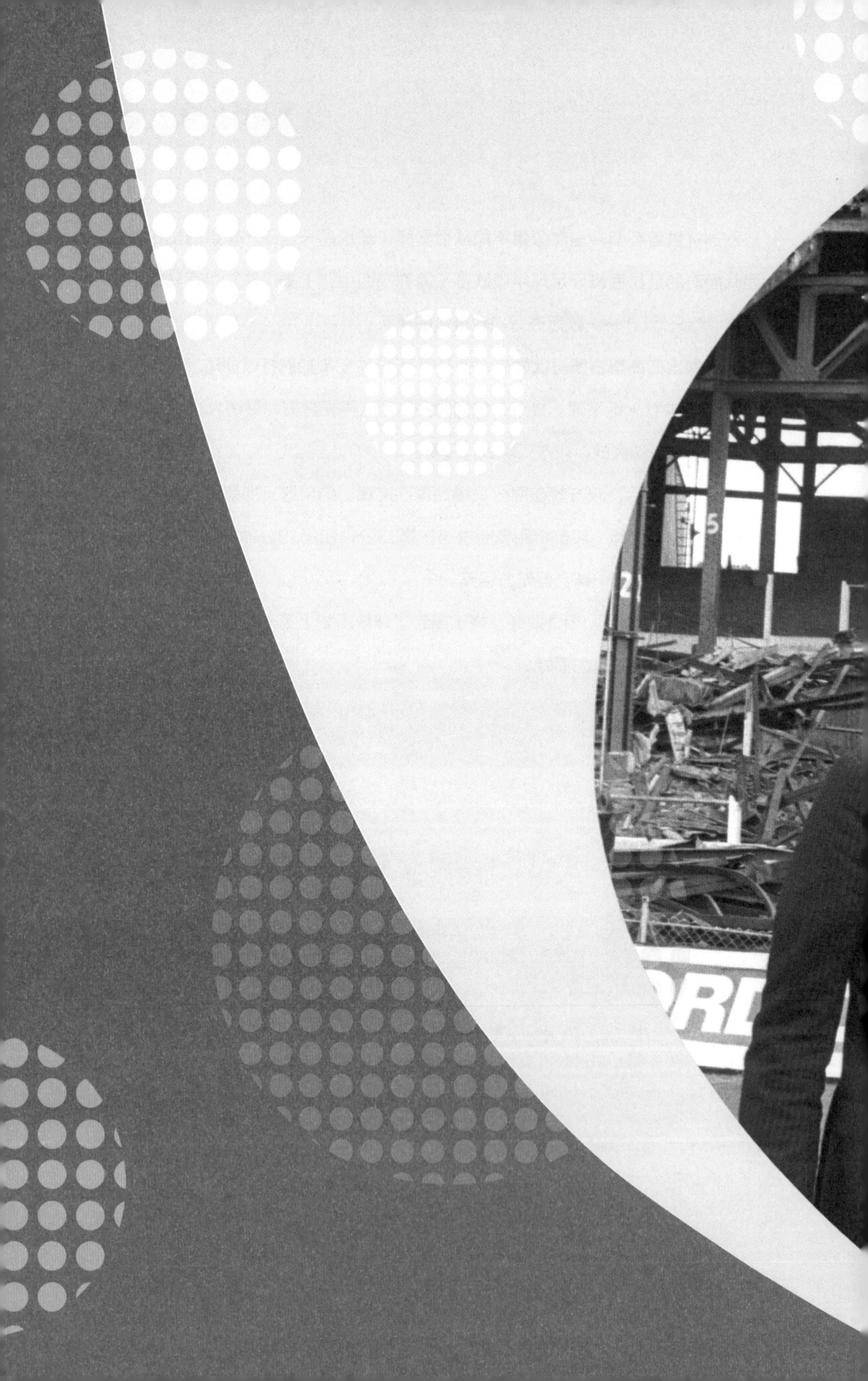

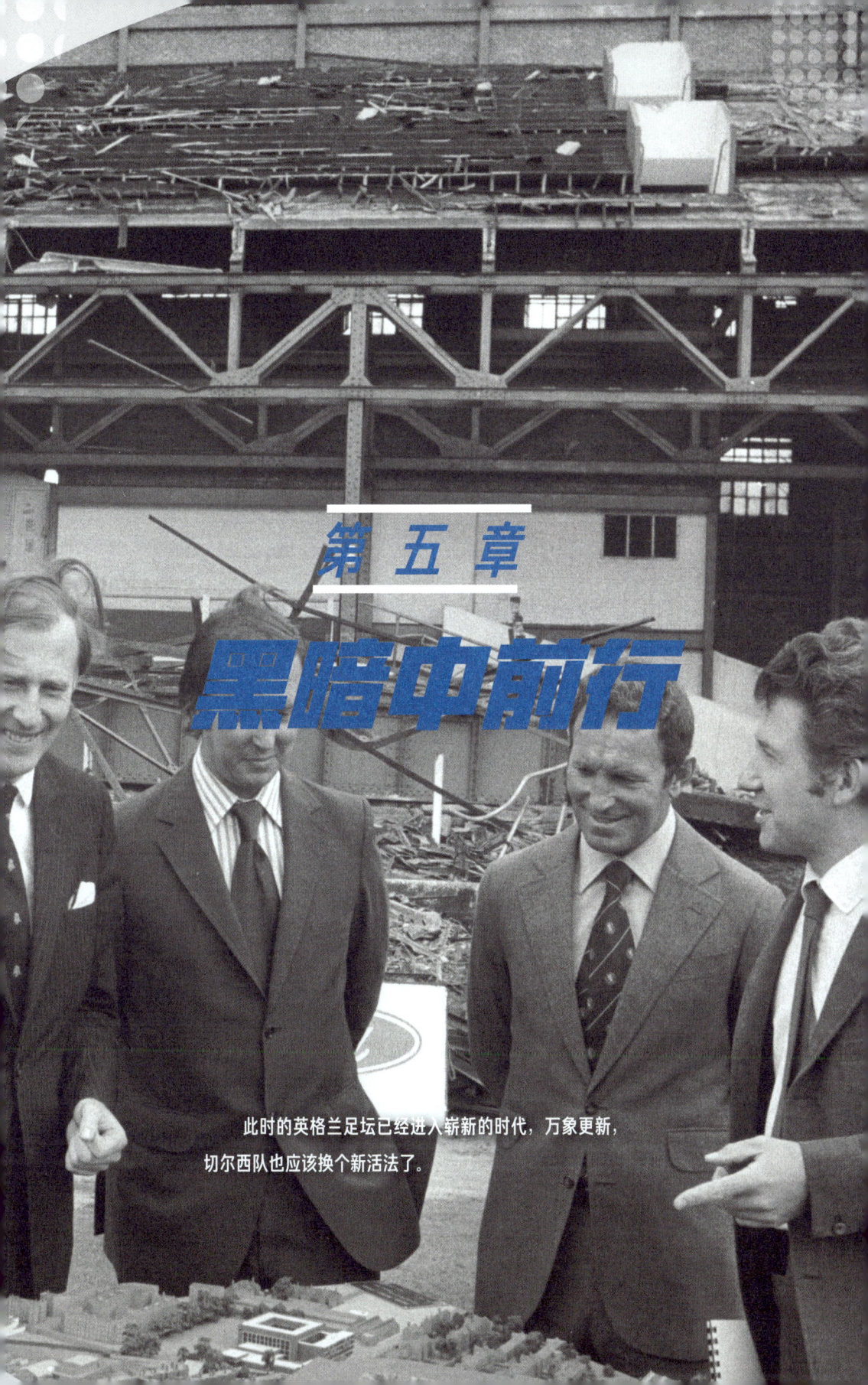

第五章

黑暗中前行

此时的英格兰足坛已经进入崭新的时代,万象更新,切尔西队也应该换个新活法了。

01

改造"蓝桥"

布莱恩·米尔斯决定全面改建斯坦福桥球场,让其成为"一座符合我们球队巨大潜力的球场"。

01 改造"蓝桥"

持续的成功,让切尔西队受到了更多来自媒体的关注,也点燃了球队主席布莱恩·米尔斯的雄心壮志。布莱恩·米尔斯决定全面改建斯坦福桥球场,让其成为"一座符合我们球队巨大潜力的球场"。

从20世纪60年代开始,"蓝桥"的西看台由"站票"改造为"坐票",其中四分之三是木质座椅,四分之一是混凝土浇筑成的长凳子。然后,将原本是木质的东看台全面拆除,也改为混凝土结构,但保留了三层悬挂式设计,等到竣工之后,这里将成为整个英国最大的单一看台。

第五章 黑暗中前行

然而，由于任命了没有球场设计经验的建筑师，工期被迫延误；又由于20世纪70年代初，英国日益恶化的劳资关系导致工人每周只工作三天，再加上罢工、建筑材料短缺，虽然东看台的改造在1973年完工（比预期晚了一年，且大大超出预算），但整个球场的扩建工程只能搁浅，球队也因此背上了400万英镑的巨额债务。

而在赛场上，切尔西队虽然在1971—1972赛季闯入了联赛杯决赛，但最终1比2输给了斯托克城队，未能连续两年夺得杯赛冠军。更糟糕的是，戴夫·塞克斯顿与奥斯古德等球员的关系日趋紧张，这些球员被主教练排除在比赛名单外，不满之下提出了转会申请。

陷入财政危机的切尔西队只能通过转出球员来缓解经济压力。于是，"斯坦福桥之王"奥斯古德被转给了南安普敦队，换来了创球队历史纪录的27.5万英镑转会费！

与奥斯古德一起离开的，还有多名主力。实力严重受损的"蓝军"不可避免地出现战绩大滑坡，1972—1973赛季跌至积分榜第12名，1973—1974赛季更是掉至第17名。

01 改造"蓝桥"

直到1974年10月,因为赛季开局不利,戴夫·塞克斯顿遭到解雇。罗恩·舒亚特临危受命,担任球队主教练,他原本是切尔西队的助理教练,在汤米·多切蒂下课后曾短暂担任主帅,如今再次被委以重任,可惜还是未能阻止球队战绩下滑的势头。

1974—1975赛季,切尔西队在42轮联赛中只赢下9场,净胜球竟然是惊人的-30球,最终排在第21位,也就是倒数第二,自1962年之后再次从英甲降级!

02

病急乱投医，七年六换帅

从1974年塞克斯顿下课开始，切尔西队管理层在短短七年里进行了六次换帅，不得不说一句，真的是"病急乱投医"！

02 病急乱投医，七年六换帅

对于当时的切尔西队来说，由于其经济状况堪忧，签约新球员几乎是不可能的，因此管理层只能将目光再次转向青训队伍。年轻的本土中场雷·威尔金斯得到提拔和重用，17岁就上演了一线队首秀。

当然，切尔西队更重要的事情是要找到塞克斯顿的接班人，然后以最快速度重返英甲。这一次，切尔西队选择相信功勋名宿，他们将退役不久的联赛杯夺冠功臣埃迪·麦克格雷迪请了回来，担任主教练。

埃迪·麦克格雷迪一上任，就将队长袖标交给了小将雷·威尔金斯，并以其为核心，打造出一支极其年轻的"蓝军"，其中就有年仅16岁的天才前锋汤米·兰利和22岁的苏格兰前锋史蒂夫·芬尼斯通，后者在1976—1977赛季打入24球，帮助球队夺得英乙亚军，切尔西队仅用两年时间就回到了英甲！

第五章 黑暗中前行

球队升入英甲之后，埃迪·麦克格雷迪向布莱恩·米尔斯索要一辆汽车作为奖励，却遭到后者的拒绝，结果他一气之下提出辞职。布莱恩·米尔斯没想到事情闹得那么大，立刻答应给他买车，但是埃迪·麦克格雷迪的自尊心已经受到打击，头也不回地离开了切尔西队。

接替埃迪·麦克格雷迪的是肯·谢里托，这位也是切尔西队的名宿，而且整个球员生涯都为"蓝军"效力。肯·谢里托的执教功绩主要有两个：第一，在升入英甲后的第一个赛季率队成功保级；第二，在足总杯上4比2击败了欧冠冠军利物浦队。

到了1978—1979赛季前半程结束时，切尔西队却排名垫底，濒临降级，肯·谢里托也不出意外地被解雇了，丹尼·布兰奇弗洛尔走马上任。丹尼·布兰奇弗洛尔曾是热刺队的球星，但执教能力确实不敢恭维，非但没能力挽狂澜，反而让"蓝军"的表现越来越糟糕。到了赛季结束时，切尔西队的战绩为5胜10平27负，以球队历史最差成绩再次降级！

接下来，切尔西队又选择了1966年世界杯的夺冠功臣吉奥夫·赫斯特作为球队主教练。他一开始是丹尼·布兰奇弗洛尔的助理教练，被"扶正"之后，却未能将世界杯决赛上演帽子戏法的奇迹带到主教练的岗位上。

02 病急乱投医,七年六换帅

1979—1980赛季,"蓝军"一度看到升级的希望,可惜最终排名英乙第四。到了1980—1981赛季,球队在最后23轮联赛里竟然只赢了3场,吉奥夫·赫斯特的命运也就可以想象了。值得一提的是,在他执教期间,竟然传出了切尔西队想要签约荷兰巨星约翰·克鲁伊夫的谣言,随便想想也知道这是不可能的事情。

经过博比·高尔德的临时"救火"之后,切尔西队在1981年5月从米德尔斯堡队请来了约翰·尼尔作为新任主帅。从1974年塞克斯顿下课开始,切尔西队管理层在短短七年里进行了六次换帅,不得不说一句,真的是"病急乱投医"!

03

黑暗中摸索

除了球队的战绩不佳,还有场外问题在困扰着切尔西队。

03 黑暗中摸索

除了球队的战绩不佳,还有场外问题在困扰着切尔西队。尽管债务已经降至130万英镑,但破产的阴影依然笼罩着这支球队。雪上加霜的是,还有泛滥的足球流氓。

足球比赛中的流氓主义、暴力行为可以追溯到20世纪60年代,但到了70年代,这种现象已经屡见不鲜。由于足球流氓的存在,越来越多的球迷对比赛日的经历感到反感,开始远离现场观赛。

足球正在失去其广泛的吸引力,各队的观众人数都在减少,而这正是切尔西队最不希望看到的事情,因为这意味着门票收入也会随之减少。

可是,切尔西队的足球流氓恰恰是最臭名昭著的。政府甚至都介入了,试图禁止"蓝军"球迷前往客场。到了20世纪80年代,问题变得更加严重,斯坦福桥球场甚至安装了电子围栏,不过出于安全考虑,围栏里的电流从未被释放过。

恰在此时,约翰·尼尔来了。在他之前的主帅虽然名气很大,但执教经验非常欠缺。约翰·尼尔正好相反,已经当了13年的主教练,经验足够丰富,非常适合来带这支处于低谷的球队。

当然,他也需要时间。1981—1982赛季,切尔西队仅仅获得英乙第12名,看不到升级的希望;1982—1983赛季更是暴跌至第18名,创造了球队历史上的最差排名,险些跌入第三级别联赛!这一次布莱恩·米尔斯并没有着急解雇约翰·尼尔,而是给了他更多的时间,也最终得到了回报。

在战术打法方面,约翰·尼尔给了球员更多的自由度,这让队内竟然出现了

第五章 黑暗中前行

中场球员进球数量比前锋还多的情况。在引援方面，他更是慧眼识珠，在1983年接连引进了苏格兰边锋帕特·内文、英格兰前锋凯利·迪克逊、威尔士门将埃迪·涅兹韦茨基、苏格兰前锋大卫·斯皮迪等人，而这些球员的转会费加起来只有30万英镑，性价比非常高！

1983—1984赛季，切尔西队的表现焕然一新，最终夺得英乙冠军，回到了英甲！新援凯利·迪克逊的发挥更是惊人，首个赛季就在42轮联赛里轰入28球，各项赛事共有34球入账；帕特·内文也在联赛中贡献14球；大卫·斯皮迪则是打入13球。

04

更换老板

对于肯·贝茨来说,这是一个天赐良机,他不缺钱,缺的只是名声,而且切尔西队在伦敦还是很有影响力的。

第五章 黑暗中前行

"我们今天有两张支票,一张是支付给球员的工资,另一张是支付给英足总的足总杯比赛的部分收入,我们应该取消哪一张?"1982年3月底,伦敦的银行家向切尔西队当时的首席执行官提出了这个问题,对于这样一支负债累累的球队来说,答案其实很简单。

不给英足总支票,切尔西队的故事就彻底结束了,所以球员没有得到应有的报酬。然而即便如此,布莱恩·米尔斯为了保住自己对切尔西队的控制权所做出的一切努力,在外界看起来都是无用功,已经有传言说肯·贝茨会接管切尔西队的部分业务。

肯·贝茨是一个40多岁的投机商人,善于以极低的成本收购那些濒临破产的公司,然后通过一些手段来让这些公司复苏,最后再把股份卖给其他商人,从中赚取丰厚的利润。

肯·贝茨虽然出生在伦敦,但曾在兰开夏郡的奥尔德姆队担任过董事,对足球还是很感兴趣的。1981年,他的合作伙伴约翰·帕比向他推荐了一个项目,那就是以1英镑的价格收购切尔西队,但需要承担球队60万英镑的债务。肯·贝茨二话不说,就与布莱恩·米尔斯进行谈判。

对于肯·贝茨来说,这是一个天赐良机,他不缺钱,缺的只是名声,而且切尔西队在伦敦还是很有影响力的。经过一番谈判,交易于1982年完成,肯·贝茨真的只花了1英镑就买下了切尔西队。

不过,肯·贝茨没有收购斯坦福桥球场,"蓝桥"的所有权属于一家独立的公

04 更换老板

司——大卫·米尔斯拥有的斯坦福桥资产公司。

到了1983年,米尔斯家族已经撑不下去了,大卫·米尔斯私自将斯坦福桥资产公司的70%股份卖给了一家房地产公司马勒资产。肯·贝茨原本想以200万英镑的价格全盘接手斯坦福桥资产公司,从而拿下"蓝桥"的所有权。他在得知此事后非常生气,便与马勒资产打起了官司。

这场官司旷日持久,拖了很长时间,马勒资产后来经营不善,于是将斯坦福桥资产公司的股份卖给了另一家房地产公司卡布拉。再后来,卡布拉也破产了,斯坦福桥资产公司又被转计到了苏格兰皇家银行的手中。

最终,事情还得靠肯·贝茨来解决。他先与苏格兰皇家银行签订了一份为期20年的租约,然后又成立了一个以球迷为主体的非营利性组织"切尔西球场拥有者",并向其提供了1000万英镑的无息贷款。

"切尔西球场拥有者"拿着这笔巨资从苏格兰皇家银行手中买下了斯坦福桥

第五章 黑暗中前行

球场全部的所有权,并将球场租借给切尔西队,仅在名义上收取非常少的租金,租期则长达199年。这样一来,"蓝桥"终于彻底属于切尔西队了。

05
迈向光明

不过这一次，切尔西队很快就卷土重来。

第五章 黑暗中前行

再次升入英甲之后,切尔西队在约翰·尼尔的带领下不仅没有陷入保级泥淖当中,还在1984—1985赛季获得英甲第六名,这已经是球队自1971年以来的最佳战绩了。可惜的是,约翰·尼尔因为健康问题而辞职,进入到球队的董事会当中。

切尔西队的新帅,是球队青训出身的旧将约翰·霍林斯。1985—1986赛季,他率领"蓝军"一度成为英甲冠军的有力争夺者,甚至在2月登上过积分榜榜

05 迈向光明

首。更令人惊喜的是，在他的执教下，切尔西队在第一届英足总会员杯中5比4击败曼城队，夺得冠军。

英足总会员杯是一项临时性赛事，当时英格兰球队因为海瑟尔惨案而遭到禁赛，无法参加欧洲赛事，所以英足总就突发奇想，推出了这项赛事，在一定程度上弥补各支球队的损失，但只有英甲和英乙的球队才能参加。

然而到了1986—1987赛季，切尔西队的成绩开始出现大滑坡，最终以第14名的成绩铩羽而归。到了1987—1988赛季，"蓝军"的颓势更加凸显，竟然一度连续20轮联赛不胜！约翰·霍林斯也在1988年3月被提前解雇。

此后，利物浦队前球员博比·坎贝尔执掌"蓝军"教鞭，但还是无法力挽狂澜。最终，切尔西队在升降级附加赛中输给了米德尔斯堡队，第七次降入英乙！

不过这一次，切尔西队很快就卷土重来。"蓝军"在1988—1989赛季英乙联

第五章 黑暗中前行

赛的46轮比赛里取得29胜，拿到创纪录的99分，轻松杀回英甲。凯利·迪克逊是升级的最大功臣，他一个人就打入28球。从1989—1990赛季开始，切尔西队就再也没有降过级了。

1989—1990赛季，凯利·迪克逊继续发威，在英甲中攻入20球，帮助切尔西队获得第五名，创造了自1970年以来的顶级联赛最高排名！而在1990年夏天，"蓝军"又进行了一次非常重要的引援，那就是以160万英镑的价格从温布尔登队签下了英格兰中场丹尼斯·怀斯。

丹尼斯·怀斯的球风非常硬朗、彪悍，其攻防兼备的能力，以及永不放弃的顽强斗志，迅速征服了切尔西队球迷的心，他后来成了切尔西队的队长。

1990—1991赛季，切尔西队进入了联赛杯的半决赛，可惜输给了谢菲尔德星期三队，无缘再次夺得杯赛冠军。在联赛里，"蓝军"位居中游，没有夺冠的机

05 迈向光明

会，但也没有降级的风险。

1991年夏天，博比·坎贝尔选择离开帅位，转而成了肯·贝茨的私人助理，苏格兰人伊恩·波特菲尔德走马上任。

伊恩·波特菲尔德曾接替亚历克斯·弗格森执教苏格兰的阿伯丁队，后者当时被曼联队聘任为主教练。1988年，伊恩·波特菲尔德来到切尔西队，担任博比·坎贝尔的助手，后来前往雷丁队执教，但仅仅18个月就被解雇，只能灰头土脸地回到了切尔西队，却意外地接替了博比·坎贝尔。

执教的第一个赛季，伊恩·波特菲尔德并没有展现出众的才华，切尔西队的排名还不如上一个赛季，最终排在第14名。而在赛季结束之后，凯利·迪克逊离开了切尔西队，留下420场193球的数据，这距离博比·坦布林202球的纪录仅咫尺之遥！

1992年，英超创立，切尔西队在英超首个赛季的成绩依然平平，只获得第11名，远远不如弗格森的曼联队那么耀眼。伊恩·波特菲尔德不出意料地在1993年2月被解雇，而足总杯夺冠功臣大卫·韦伯在临时"救火"三个月之后也抽身离开。

此时的英格兰足坛已经进入崭新的时代，万象更新，切尔西队也应该换个新活法了。接下来，肯·贝茨该怎么去做呢？

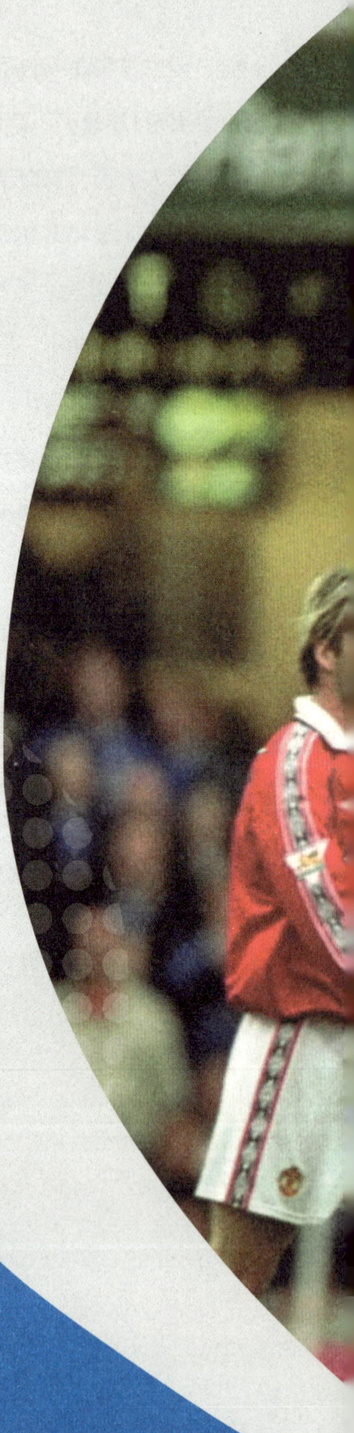

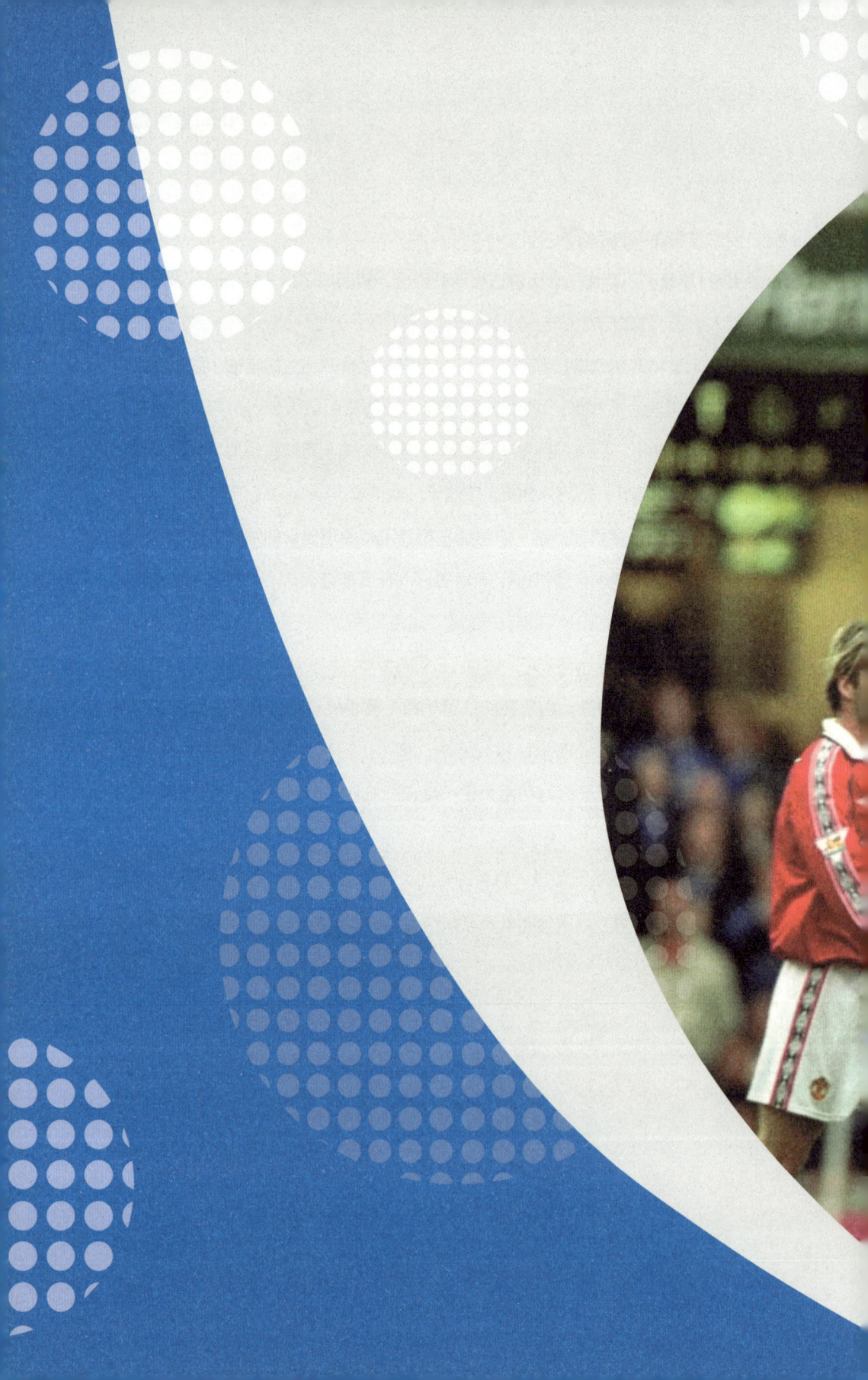

第六章

性感足球

这支切尔西队的进攻踢得非常漂亮,进球源源不断,古利特自诩为"性感足球"。

01

黎明之前

1995年,切尔西队高层发生重大变化,马修·哈丁成为董事会的一员。

01 黎明之前

1993年7月，英格兰队前球员格伦·霍德尔被任命为切尔西队的主帅。虽然格伦·霍德尔曾经在同城对手热刺队效力，但"蓝军"球迷并没有对此感到不安，因为他能够给球队带来变革。

球员时代就是一名技术型球员的格伦·霍德尔，推崇以控球为主的技术流打法，他有句名言："要么你控制球，要么让球控制你。"除了足球理念之外，格伦·霍德尔还为切尔西队的球员带来了全面的营养提升方案和比赛准备方法，这

第六章 性感足球

是他在为阿尔赛纳·温格执教的摩纳哥队效力时所学习到的。

一切新鲜事物都需要时间来适应,所以切尔西队在1993—1994赛季依然成绩不佳,只获得第14名,但在足总杯赛场上,"蓝军"连续击败巴尼特队、谢菲尔德星期三队、牛津联队、狼队和卢顿队,自1972年之后第一次闯入杯赛的决赛!

决赛场上,"蓝军"拥趸高声歌唱着主题曲《让蓝旗高高飘扬》。不过在英超霸主曼联队面前,切尔西队的实力还是远远不及,最终切尔西队0比4惨败,获得亚军。然而这一次的亚军,足以令"蓝军"获得欧洲优胜者杯的参赛资格,重返欧洲赛场。

1994—1995赛季,切尔西队还是重复着与上个赛季相似的轨迹,徘徊在英超中游水平,位列第11名,杯赛发挥不错,在欧洲优胜者杯上晋级半决赛,可惜被西班牙的皇家萨拉戈萨队淘汰,对手阵中的乌拉圭中场古斯塔沃·波耶特凭借出色的表现,吸引了切尔西队的目光。

01 黎明之前

1995年，切尔西队高层发生重大变化，马修·哈丁成为董事会的一员。马修·哈丁是切尔西队的终身球迷，也是一位非常成功的商人。加入董事会之后，他贷款数百万美元给球队，以启动重建斯坦福桥球场的第一阶段。

有了马修·哈丁的财力支持，切尔西队决定在这个夏天引进强援，并将目标锁定在荷兰球星路德·古利特和英格兰本土天才保罗·加斯科因身上。最终，通过著名的《博斯曼法案》，"蓝军"没有花费任何转会费，就得到了"荷兰三剑客"之一的古利特，这也让切尔西队登上了欧洲媒体的头版头条。

古利特是当时最优秀的球员之一，他的到来极大提升了切尔西队的影响力，与其一同到来的，还有曼联队的前锋马克·休斯。而在1994年世界杯上有着精彩发挥的罗马尼亚国脚丹·佩特雷斯库明确表示：希望为格伦·霍德尔和他的切尔西队踢球，这也证明了"蓝军"在欧洲足坛中的地位。

101

第六章 性感足球

更多球星的加盟，却未能让切尔西队在各项赛事里更进一步。1995—1996赛季，"蓝军"位列英超第11名，并在足总杯半决赛遭遇曼联队。虽然古利特在比赛中先入一球，但曼联队在下半场连入两球，切尔西队惨遭逆转，只能饮恨出局。

02

27 年首冠

这样一来,切尔西队夺得了球队历史上的第二座足总杯冠军奖杯,也是自1970年之后,27年来的第一座重大赛事的冠军奖杯!

第六章 性感足球

1996年，欧洲杯在英格兰举行，英格兰队跻身四强。赛事结束之后，格伦·霍德尔接受英足总的邀请执掌英格兰队教鞭，那么谁会成为他的接任者呢？

英国媒体疯狂吹捧阿森纳队前主教练乔治·格拉汉姆，但他不是切尔西队球迷的"菜"，"蓝军"球迷认为他的执教风格太过保守。最终，古利特接受了球员加主教练的双重角色，开始了自己的"性感足球"之路。

有"辫帅"美誉的古利特继续发挥自己的影响力，从欧洲尤其是曾经效力过的意大利足坛引进多名世界级球星，包括詹卢卡·维亚利、罗伯特·迪马特奥、詹弗兰科·佐拉，以及法国后卫弗兰克·勒伯夫，其中迪马特奥的转会费达到490万英镑，创造了球队的历史纪录。

再加上丹尼斯·怀斯、史蒂夫·克拉克、埃迪·牛顿、弗兰克·辛克莱等本土球员，切尔西队的阵容已经相当强大。而作为队长，丹尼斯·怀斯的作用尤其重要，他将不同的文化融合在一起，保证每名球员都认同切尔西队的精神，实现球队的团结。

然而还没等切尔西队向成功迈进，悲剧就发生了。1996年10月22日，切尔西队在联赛杯输给低级别球队博尔顿队之后，副主席马修·哈丁和其他人乘坐直升机飞回伦敦，结果飞机不幸坠毁，机上人员全部丧生。这对于志在崛起的"蓝军"来说，无疑是巨大噩耗和沉重打击。

为了纪念这位球队的功勋，斯坦福桥球场的北看台被命名为"马修·哈丁看台"。站在未来往回看，如果马修·哈丁没有突然去世，切尔西队在几年之后会不

02 27年首冠

会被卖给一位俄罗斯人，还是未知数。

1996—1997赛季，切尔西队在英超的表现有了很大起色，开局就是6轮不败，前13轮过后只输了2场。可惜到了联赛下半程，"蓝军"的成绩出现下滑，在冲刺阶段一度遭遇四连败，但第6名已经是球队在英超创立以来的最佳排名了。

在足总杯赛场上，"蓝军"延续传统，高歌猛进。第四轮对阵利物浦队，切尔西队在两球落后的情况下奋起直追，马克·休斯和詹弗兰科·佐拉各入一球，詹卢卡·维亚利更是梅开二度，最终切尔西队完成4比2的大逆转！

此后，切尔西队接连淘汰莱斯特城队、朴次茅斯队、温布尔登队，再次跻身决赛！这一次，"蓝军"的对手是米德尔斯堡队。

来到温布利球场，切尔西队先声夺人，迪马特奥开场43秒就闪击得手，创造了当时的足总杯决赛历史最快进球纪录。在比赛第83分钟前，埃迪·牛顿扩大比分，彻底锁定胜局。

第六章 性感足球

这样一来，切尔西队夺得了球队历史上的第二座足总杯冠军奖杯，也是自1970年之后，27年来的第一座重大赛事的冠军奖杯！

《蓝色的一天》是切尔西队球迷在这场决赛中高唱的歌曲之一，这首歌由"蓝军"的终身球迷、疯狂乐队的主唱萨格斯演唱，在切尔西队夺冠之后立刻登上了英国流行音乐榜单。歌曲中那句著名的开场白——"每隔一个星期六，唯一可以做的就是沿着富勒姆路漫步"，至今依然是切尔西队球迷的最爱。

这支切尔西队踢得非常漂亮，进球源源不断，古利特自诩为"性感足球"。荷兰人是"性感足球"的倡导者，而实践者则是意大利人佐拉。

这位技术极其精湛的大师，在斯坦福桥球场展现了令人拍案叫绝的足球技艺。佐拉曾是迭戈·马拉多纳在那不勒斯队的队友和衣钵继承者，来到英格兰足坛属于"技术扶贫"。曼联队传奇名帅弗格森曾经称赞道："佐拉比我想象中更出色，他真是个聪明的混蛋。"

02 27年首冠

切尔西队前球员斯科特·明托回忆道:"古利特说切尔西队的风格是'性感足球',而佐拉就是'性感足球'的标志。他不是球队的队长,而是球队的领袖,是英超最伟大的球员之一。佐拉的到来为更多的外国球员加盟英超提供了参考。佐拉来到球队时,就像已经在这里踢了很多年一样。古利特常说,把球交给佐拉,他会为我们赢下比赛。"

03

一年三冠，巅峰之上

一年三冠，史无前例，这一刻，切尔西队站上了最高峰！

03 一年三冠，巅峰之上

1997年夏天，切尔西队继续在转会市场上投入大手笔，乌拉圭中场古斯塔沃·波耶特来了，挪威中锋托雷·安德烈·弗洛也来了，于是"蓝军"成了真正的"多国部队"。

1997—1998赛季，切尔西队的起步非常出色，一直稳居英超前四，仅次于阿森纳队、曼联队和利物浦队。到了1998年2月，"蓝军"虽然接连不敌阿森纳队和曼联队，但依然排在积分榜第五位。不过，古利特和肯·贝茨在合同上发生严重分歧，双方产生不可调和的矛盾，闹了个不欢而散，古利特也因此被解雇，维亚利临危受命，担任球员的同时兼任主帅。

谁也没想到，这次仓促的任命竟然会给切尔西队带来巨大的荣誉！

维亚利是英超历史上的第一位意大利籍主教练，他上任之后的第一场比赛，就是联赛杯半决赛第二回合。首回合，切尔西队客场1比2负于阿森纳队，但在执教首秀上，这位意大利光头教练就率队实现3比1的逆转，以4比3的总比分淘汰对手，晋级决赛！

决赛中，切尔西队再次遇到了米德尔斯堡队。这一次，两队踢得难解难分，90分钟内不分胜负，直到加时赛，弗兰克·辛克莱才打破场上僵局，随后迪马特奥成为关键先生，他接佐拉的助攻打入制胜球，2比0！"蓝军"连续两年赢得杯赛冠军，更是自1965年之后，时隔33年再次捧起联赛杯的奖杯！

惊喜还在后面。切尔西队以上个赛季足总杯冠军的身份参加欧洲优胜者杯，前几轮踢得比较轻松，到了半决赛才遇到挑战。面对来自意大利的维琴察队，"蓝军"

第六章 性感足球

首回合客场0比1告负，次回合回到斯坦福桥球场竟然先丢一球，总比分0比2落后！

就在这时，因伤休战多时的波耶特挺身而出，头球破门扳回一城，佐拉也头槌得手，将总比分扳平，但根据客场进球的规则，如果这一比分维持到比赛结束，切尔西队将被淘汰！关键时刻，马克·休斯打入绝杀球，让"蓝军"完成逆转，历史性地再次晋级欧战决赛！

1998年5月13日，切尔西队在欧洲优胜者杯决赛对阵德国的斯图加特队。因为受到腹股沟伤病的影响，佐拉没有首发，但还是进入了大名单。果然，还是这位意大利球星决定了比赛的胜负：他在第71分钟替补登场，20秒之后就将球打入对方球门！

03 一年三冠，巅峰之上

　　凭借这一球，切尔西队1比0力克斯图加特队，夺得自1971年之后的第二座欧战奖杯，也是历史上第一次获得单赛季"双冠王"头衔！

　　三个半月之后，身为欧洲优胜者杯冠军的切尔西队，在欧洲超级杯上对阵欧冠冠军皇马队，争夺"欧洲王中王"的宝座。值得一提的是，之前欧洲超级杯一直采用主客场两回合的赛制，这是第一次改制为单场定胜负。

　　皇马队拥有劳尔·冈萨雷斯·布兰科、普雷德拉格·米亚托维奇、克拉伦斯·西多夫、费尔南多·雷东多、罗伯托·卡洛斯、费尔南多·耶罗等顶级球星，但笑到最后的却是切尔西队。

　　第82分钟，佐拉传球，波耶特禁区内右脚劲射，攻破了博多·伊尔格纳把

第六章 性感足球

守的球门，打入了全场比赛的唯一进球！这是波耶特职业生涯的巅峰时刻，更是"蓝军"的巅峰时刻，因为球队第一次夺得了欧洲超级杯的冠军。

一年三冠，史无前例，这一刻，切尔西队站上了最高峰！

04

"切尔西村",危机浮现

在成绩上,切尔西队达到了前所未有的辉煌,球迷都认为距离1955年之后的第一个顶级联赛冠军不远了。

第六章 性感足球

在成绩上，切尔西队达到了前所未有的辉煌，球迷都认为距离1955年之后的第一个顶级联赛冠军不远了。但此时的球队却已经陷入巨大的危机当中，而这都源于"切尔西村"。

1992年12月，肯·贝茨在与房地产开发商的斗争中取得胜利，终于可以自由地开发斯坦福桥球场周边的地区了。他推出了酝酿已久的"切尔西村"计划：在"蓝桥"12英里（1英里约等于1609.34米）范围内修建高档酒店、公寓、购物中心、饭店、酒吧、健身俱乐部、地下停车场等休闲娱乐及服务设施，打造一个全方位的商业帝国。

为了达到这一目的，肯·贝茨与约翰·帕比一起成立了"切尔西村有限公司"，将切尔西队的部分资产转移到切尔西村有限公司的名下。尽管这种操作是违反规定的，肯·贝茨也因此被英国政府盯上了，但英国政府苦于拿不到证据，根本无法对他出手。而肯·贝茨在凭借"切尔西村"项目成功地从苏格兰皇家银行贷款175万英镑后，和约翰·帕比撇清了干系。

到了1997年，两座高档酒店在斯坦福桥球场外落成，"切尔西村"取得阶段性胜利，但更让肯·贝茨赢得人心的，是"蓝桥"的重建。

南看台在1994年就被推倒重建，标志性的顶棚也成为历史，三年后，新的南看台拔地而起。北看台也焕然一新，用的就是马修·哈丁提供的资金，所以北看台才会在他去世之后以其名字命名。不过在"切尔西村"项目上，马修·哈丁和肯·贝茨一直存在分歧，前者甚至一度被驱逐出董事会，但马修·哈丁的影响力

04 "切尔西村",危机浮现

实在太大,不仅重新归来,还成为球队的副主席,直到他不幸去世。

西看台的重建工作最缓慢,直到2001年才完成。为此,肯·贝茨又贷款7000万英镑,这让切尔西队的债务危机变得更加严重,只不过当时人们为斯坦福桥球场的重建而欢呼雀跃,并没有注意到这一点。

重建后的"蓝桥"首次成为一个封闭式球场,与旧的开放式球场形成鲜明对比,看台比以往任何时候都更靠近草坪,球场外则有更大的空间留给商业综合体。

当时的切尔西队球员托尼·卡斯卡里诺后来回忆道:"肯·贝茨把我们几个人叫到他的办公室,向我们展示了斯坦福桥球场的模型,并说这将使切尔西队成为伦敦最大的球队。我们看着彼此,心想:是的,好啊。"

05

三年五冠，黄金时代

切尔西队三年取得五冠，球队历史上的第一个黄金时代达成！

05 三年五冠，黄金时代

1998—1999赛季，维亚利带领切尔西队再接再厉，成为英超争冠集团的一支劲旅。整个赛季的38轮联赛，"蓝军"一共就输了3场，是20支球队里和曼联队并列的输球场次最少的球队，而且切尔西队两次对阵主要争冠对手曼联队都能保持不败。

可惜的是，在1999年4月的冲刺阶段，切尔西队连续遭遇3场平局，只拿到3分，最终以4分之差不敌曼联队，但第三名的成绩依然创造了球队在英超时代的最佳排名纪录，也首次获得了欧冠的参赛资格。

与此同时，切尔西队还打入了欧洲优胜者杯的半决赛，不过输给了西班牙的皇家马略卡队，未能成功卫冕。

第六章 性感足球

1999—2000赛季,"蓝军"在联赛第八轮就5比0暴击"三冠王"曼联队,还在12月26日的节礼日当天,成为英超历史上第一支首发11人全部使用非英国球员的球队,不过人们的焦点都放在了欧冠赛场上。

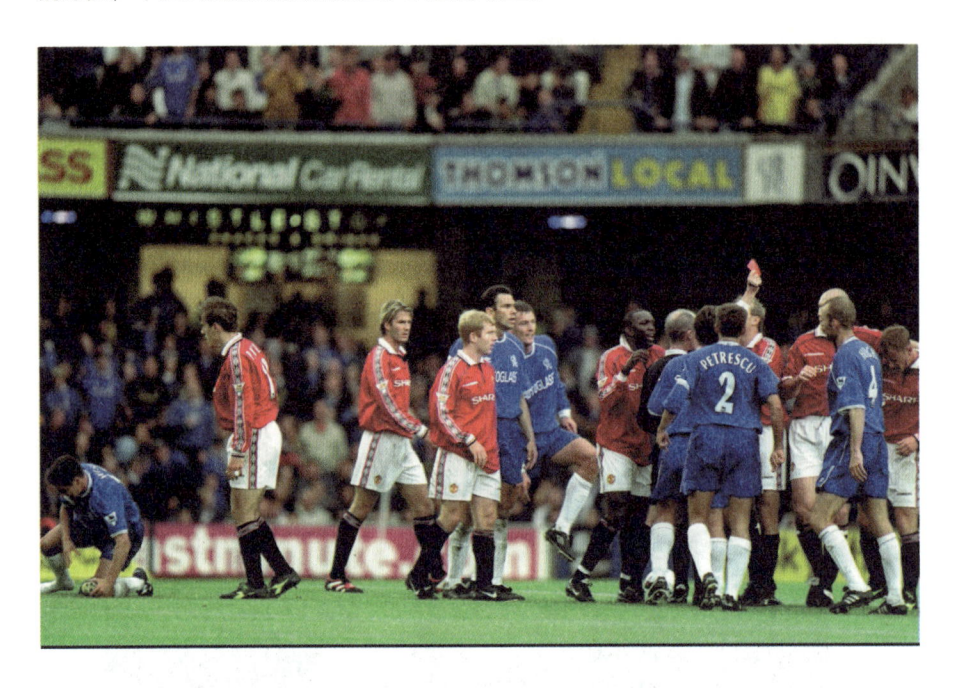

切尔西队的欧冠征程从第三轮资格赛打起,轻松晋级正赛之后,与AC米兰队、柏林赫塔队、加拉塔萨雷队分在一个小组。"蓝军"两战AC米兰队,二者难分胜败,在伊斯坦布尔的"魔鬼"客场5球横扫加拉塔萨雷队,主场轻取柏林赫塔队,成功晋级!

当时的欧冠赛制与如今不同,还有第二阶段的小组赛,切尔西队与费耶诺德队、马赛队、拉齐奥队同组。切尔西队虽然输了两场,但仍以小组第二的身份出线,挺进欧冠八强。

1/4决赛,维亚利的球队遭遇了巴萨队。首回合,切尔西队在8分钟内连进3球,佐拉和弗洛先后发威!而巴萨队只凭借葡萄牙边锋路易斯·菲戈的破门拿到

05 三年五冠，黄金时代

一个客场进球。

然而次回合做客诺坎普球场，巴萨队展现出超强的战斗力，里瓦尔多和菲戈的进球将总比分扳平。弗洛在下半场打入一球，但菲戈助攻达尼·加西亚破门，将比分扩大至3比1。总比分4比4平，双方客场进球数也一样，只能进入加时赛。

加时赛属于巴萨队，切尔西队的尼日利亚左后卫塞勒斯汀·巴巴亚罗领到"红点套餐"，里瓦尔多主罚命中，荷兰前锋帕特里克·克鲁伊维特又扩大比分，切尔西队最终无缘决赛。

回到联赛的"蓝军"也掉了链子，最后五轮竟然只赢下两场，最终获得英超第五，未能获得下赛季的欧冠资格。

"失之东隅，收之桑榆"，在足总杯赛场上，切尔西队一路顺风顺水，较为

第六章 性感足球

轻松地进入了决赛。面对决赛对手阿斯顿维拉队，佐拉再次发威，他的任意球射门造成对方门将大卫·詹姆斯的脱手，迪马特奥补射入网，两人再次成为球队的英雄！

切尔西队三年取得五冠，球队历史上的第一个黄金时代达成！

06

"补锅匠",补不了时代终章

走了一个意大利人,又来了一个意大利人,克劳迪奥·拉涅利走马上任,成为切尔西队的新任主帅。

第六章 性感足球

此时，切尔西队距离真正的辉煌，只差一座英超冠军奖杯了。2000年夏天，肯·贝茨继续出手，先后引进了荷兰前锋吉米·弗洛伊德·哈塞尔巴因克、冰岛射手埃杜尔·古德约翰森、荷兰后卫温斯顿·博加德、克罗地亚中场马里奥·斯塔尼奇等新援，又在冬季转会窗口又引进了丹麦边锋杰斯佩·格伦夏尔，同时把法国中场迪迪埃·德尚和挪威中锋弗洛清洗出队。

如此强大的阵容，也为切尔西队带来了又一座冠军奖杯。2000—2001赛季开始前的慈善盾杯中，"蓝军"在温布利球场2比0完胜曼联队，哈塞尔巴因克首秀就打入一球，马里奥·梅尔奇奥特破门锁定胜局。然而，这竟然是维亚利留给球队的最后荣誉。

06 "补锅匠",补不了时代终章

维亚利很有战术才华和头脑,但最大问题是掌控不了球员。他先后与勒伯夫、佩特雷斯库、德尚等球员发生矛盾,就连同胞佐拉也对他很有意见。而球队内的矛盾在这个赛季彻底爆发,导致切尔西队在前五轮联赛中只拿到6分。肯·贝茨最终选择站在球员这一边,决定牺牲维亚利。2000年9月12日,维亚利下课。

走了一个意大利人,又来了一个意大利人,克劳迪奥·拉涅利走马上任,成为切尔西队的新任主帅。拉涅利有个外号叫"补锅匠",他可以像"补锅匠"那样把一支球队修修补补,带其走出困境,但上限似乎也就止于此:最多也就能拿一个国内杯赛的冠军,联赛冠军怎样也拿不到。

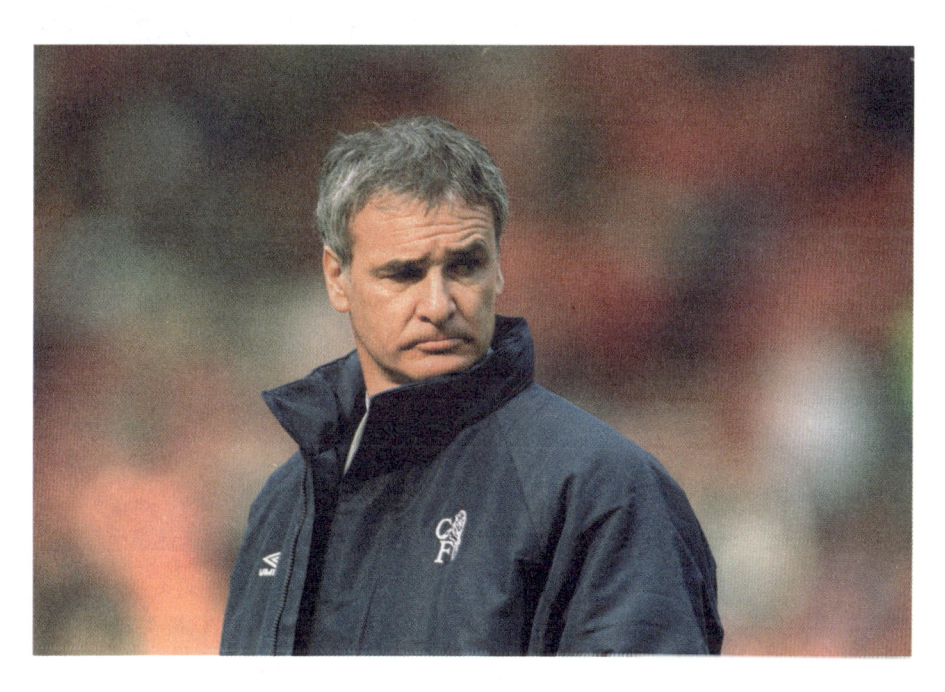

不过也有好处,那就是拉涅利足够听话,愿意配合肯·贝茨完成球队的年轻化改造。于是在2001年夏天,老队长怀斯走了,波耶特和勒伯夫也都走了,接替他们的是法国中卫威廉·加拉、后腰埃马纽埃尔·佩蒂特、荷兰边锋鲍德温·岑登。更重要的是,拉涅利决定重用从青年队提拔上来的中后卫约翰·特里,并从

第六章 性感足球

西汉姆联队签下了年轻的本土中场弗兰克·兰帕德。

当时的特里还不满21岁,但已经能在切尔西队成为主力,甚至在2001年12月顶替法国中卫马塞尔·德塞利,第一次戴上"蓝军"的队长袖标!兰帕德加盟"蓝军"时23岁,他在西汉姆联队效力时被质疑是靠着自己的父亲和姨父在队里的关系才获得主力位置的,但是在切尔西队,他开始证明自己攻防兼备的全面能力。

年轻化的切尔西队表现如何?2001—2002赛季,"蓝军"获得英超第六,联赛杯也进了四强,足总杯甚至闯入决赛!可惜面对实力强大的阿森纳队,切尔西队最终0比2败北,屈居亚军。不过这样引入球员,足以让"蓝军"拥趸感到满意,并看到未来的希望。

然而事与愿违,切尔西队的未来并不光明,因为赛场外的问题越来越严重,

06 "补锅匠",补不了时代终章

"切尔西村"项目的债务负担越发沉重,负债已经高达7700万英镑!2002年夏天,肯·贝茨在转会市场上几乎没有操作,只顾着和球员解约与让球员转会,只有迪马特奥的退役值得一提。

在这种情况下,切尔西队上下众志成城,在2002—2003赛季的成绩竟然很优异!尤其是在英超赛场上,"蓝军"一直身处"争四"(争夺欧冠资格)的行列里。直到最后一轮之前,切尔西队和利物浦队同积64分,还领先8个净胜球,很有希望重返欧冠赛场,而这最后一轮,正好是两队的直接交锋!

赛前,切尔西队的首席执行官特雷弗·比尔奇向球员开诚布公地表示,如果这场比赛输了,无缘欧冠,球队的财务危机将无法拯救,球队很可能会分崩离析。然而更为紧张的是,开赛后利物浦队竟然率先进球了!

生死关头,格伦夏尔的任意球助攻德塞利扳平比分,13分钟后,格伦夏尔又站了出来,远射破门,他不仅传射建功完成逆转、率队拿到欧冠资格,也挽救了球队的命运。

不过很快,切尔西队的命运就将被改变,而改变它的人,已经在路上了。

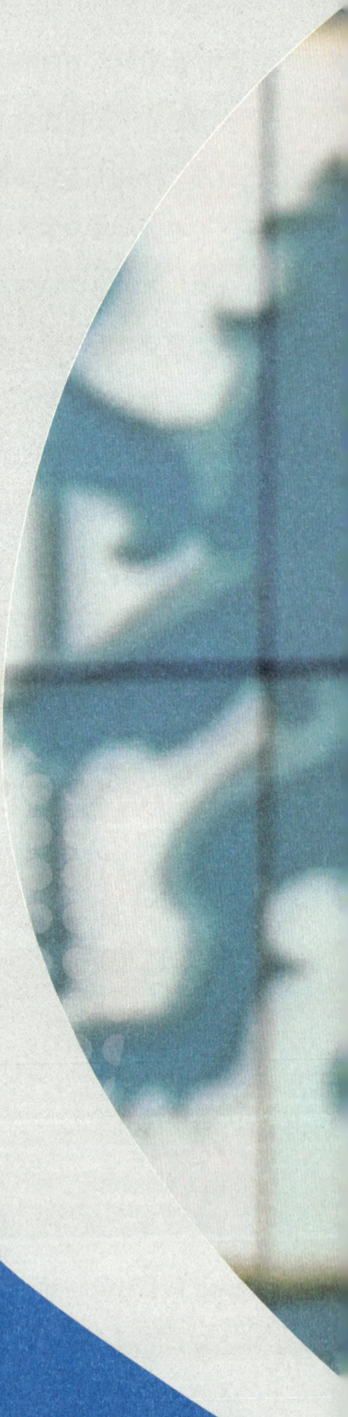

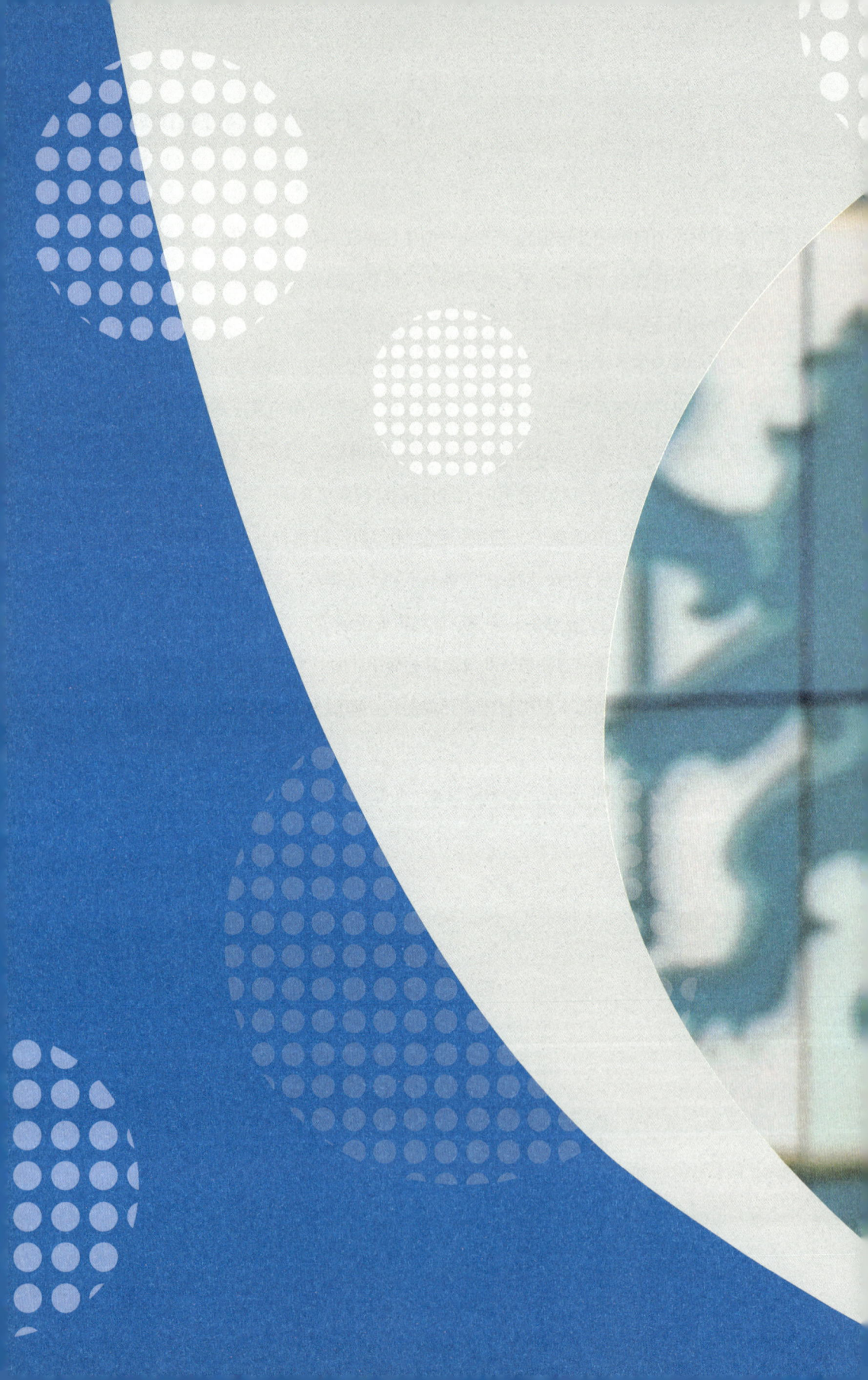

第七章
"阿布时代"由"穆帅"开启

穆里尼奥执教切尔西队的第一个赛季,就取得了英超历史上最伟大的成绩之一,还"顺便"击败了曼联队和利物浦队,捧起了联赛杯的冠军奖杯,加冕"双冠王"!

01

"阿布"其人

从2003年7月开始,切尔西队就正式属于罗曼·阿布拉莫维奇了。从此,一个"足球帝国"拔地而起。

01 "阿布"其人

2003年4月23日,英国曼彻斯特,欧冠1/4决赛次回合,曼联队4比3战胜皇马队,罗纳尔多上演帽子戏法,大卫·贝克汉姆替补登场梅开二度——那是一场无数球迷至今记忆犹新的经典比赛。

然而当时谁也没有发现,老特拉福德球场的看台上坐着一个低调的俄罗斯人,而3个月后,他将做出一个改变英格兰足坛乃至欧洲足坛的决定。

这个俄罗斯人,叫罗曼·阿布拉莫维奇(简称"阿布")。"阿布拉莫维奇"是典型的犹太姓氏,"罗曼"则是斯拉夫人的名字,而他本人,身兼犹太人的经商头脑和斯拉夫人的坚忍意志。

"阿布"的发家,靠的不是经商,而是对政治的极端敏感。曾有人对他做过精辟评论:"要理解'阿布',就必须认识到他不是商人,而是不涉及政党政治的政客。"

第七章 "阿布时代"由"穆帅"开启

有意思的是,"阿布"很小就热爱足球,在服兵役时曾组建过一支军营足球队。成为寡头后,收购一支球队对他来说易如反掌。"阿布"最想买的球队是曼联队,不过最终选择了切尔西队。

至于原因,只有一个未经证实的传闻。有一次他乘直升机飞越泰晤士河上空,结果发现了一座球场,便问随从:"那是什么?"答曰:"切尔西队的主场。"俄罗斯人点点头:"就它了。"

当然,"阿布"不可能如此随意地做出如此重大的决定。事实上,他选择切尔西队,与肯·贝茨面临的财务危机有莫大关系。2003年6月底之前,肯·贝茨必须偿还2300万英镑的贷款。

而通过经纪人的牵线,"阿布"与肯·贝茨坐上谈判桌。最终,"阿布"花费1.3亿英镑,成功收购了切尔西队!

从2003年7月开始,切尔西队就正式属于罗曼·阿布拉莫维奇了。从此,一个"足球帝国"拔地而起。

02

穆里尼奥：特殊的一个

"不要叫我自大狂，我是冠军中的冠军，我是特殊的一个。"

第七章 "阿布时代"由"穆帅"开启

完成对切尔西队的收购之后,"阿布"开始大张旗鼓地对其进行改造。首先,他从曼联队挖来了首席执行官彼得·肯扬,还聘请了在美国任律师一职,同时也是切尔西队球迷的布鲁斯·巴克担任球队主席。当然,最具轰动效应的是,俄罗斯人敞开了钱袋子,用卢布换英镑,开始大肆签约新球员。

2003年夏季转会窗口,切尔西队先后引进了曼联队的阿根廷中场胡安·塞巴斯蒂安·贝隆,皇马队的法国后腰克劳德·马克莱莱、喀麦隆后卫恩德吉塔普·格雷米,国际米兰队的阿根廷前锋埃尔南·克雷斯波,帕尔玛队的罗马尼亚前锋阿德里安·穆图,英格兰球员乔·科尔、格伦·约翰逊、韦恩·布里奇,爱尔兰边锋达米恩·达夫等人,转会费总计超过1亿英镑!而传奇球星佐拉的离开,也标志着切尔西队"旧时代"的彻底终结。

巨额投资,也为"阿布"和切尔西队带来了不错的回报。虽然在2003—2004赛季,"蓝军"没有获得任何冠军头衔,但还是力压曼联队获得英超亚军,这是当时球队在英超时代的最高排名。而在欧冠赛场上,切尔西队也一路披荆斩棘,闯入半决赛,可惜最终输给了摩纳哥队,无缘决赛。

赛后,英国媒体套用歌曲 *Dead Man Walking*(死囚漫步)来形容拉涅利的帅位之危,尽管他用约瑟夫·鲁德亚德·吉卜林的名句"保持你清醒的头脑,当你周围的人都已放弃的时候"作为回击,但"补锅匠"也已经预感到自己的命运了,他和记者们开玩笑道:"欢迎来到我的'葬礼'。"

果然,"阿布"对于英超亚军和欧冠四强完全不能满意,他心里要的只有冠

02 穆里尼奥：特殊的一个

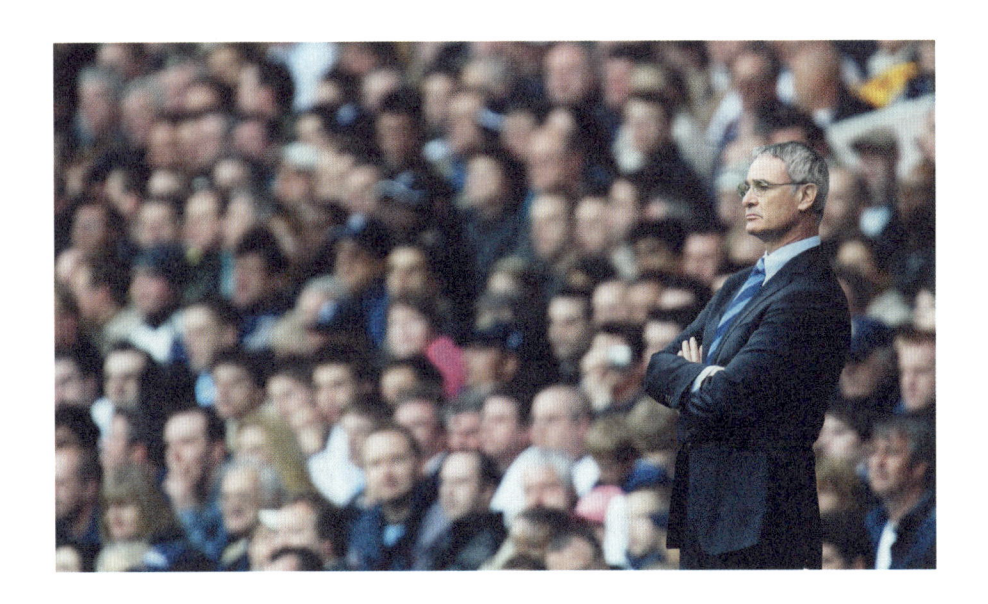

军！在俄罗斯人看来，"补锅匠"拉涅利并不具备冠军主帅的气质，因此在赛季结束后将其解雇。

那么谁会来执教"蓝军"呢？他就是当时风头正劲的若泽·穆里尼奥！

穆里尼奥出生于1963年1月26日，当时年仅41岁，对于教练行当来说，可谓风华正茂。他的职业球员生涯非常惨淡，但在大学攻读体育学的经历，让其拥有了执教的理论基础。后来，他在巴萨队担任名帅博比·罗布森和路易斯·范加尔的翻译乃至助教，品尝到了豪门球队教练岗位的滋味。

2000年，穆里尼奥开始独立执教，担任葡萄牙豪门球队本菲卡队的主教练，之后又去了名不见经传的莱里亚联盟队。2002年1月，穆里尼奥成为另一支葡萄牙豪门球队波尔图队的主帅，他上任之后就宣布："我们将是下赛季葡萄牙足球超级联赛的冠军！"

当时很多人批评这个年轻教练口出狂言，但他做到了，而且做得更好。穆里尼奥率领波尔图队蝉联2002—2003赛季和2003—2004赛季的联赛冠军，还接

第七章 "阿布时代"由"穆帅"开启

连夺得欧洲联盟杯（欧洲足联欧洲联赛的前身，统一简称"欧联"）和欧冠的冠军！尤其是问鼎欧冠，让他瞬间成为欧洲足坛炙手可热的人物。

2004年夏天，不少欧洲豪门球队向穆里尼奥发出邀请，包括利物浦队和国际米兰队，但切尔西队最有诚意。在波尔图队夺得欧冠冠军之后的第三天，"阿布"就派出直升机，将穆里尼奥和他的经纪人豪尔赫·门德斯接到了自己的游艇上，双方聊了很多，最终签下了一份为期四年的合同。

与切尔西队球员第一次见面，穆里尼奥就给他们来了一个下马威："小伙子们，你们要记住，站在你们面前的是伟大的教练，我，穆里尼奥，是欧冠冠军，而你，你，还有你，你们没有冠军，你们什么也不是！"

在面对世界上最喜欢刁难人的英国媒体时，穆里尼奥更是金句连连："不要叫

02 穆里尼奥:特殊的一个

我自大狂,我是冠军中的冠军,我是特殊的一个。""如果要快活度日,我就留在波尔图队了,那里有漂亮的宝座、耀眼的冠军荣誉、上帝,上帝之下就是我。"每一句话都尽显"狂人"本色。

为了让穆里尼奥能够充分施展拳脚,"阿布"在转会市场上继续掀起"腥风血雨"。2004年夏天,科特迪瓦中锋迪迪埃·德罗巴来了,荷兰边锋阿尔扬·罗本来了,捷克门将彼得·切赫来了,还加盟了一大批葡萄牙球员:保罗·费雷拉、蒂亚戈·门德斯、里卡多·卡瓦略等人。德塞利、哈塞尔巴因克、佩蒂特、格伦夏尔则被清洗离队,贝隆更是仅加盟一年就被外租离队。

03

50 年首冠，两连冠

29场胜利、15场客场胜利、25场比赛零封对手、9个客场丢球，切尔西队刷新了多个英超历史纪录，而38轮只丢15球的旷世纪录，至今还没有任何球队能够打破。

03 50年首冠，两连冠

特里和卡瓦略搭档后防线，兰帕德和马克莱莱构建起强硬的中场，罗本和达夫上演两翼齐飞，德罗巴和古德约翰森轮番在中路横冲直撞——这支切尔西队，从一开始就已经清晰地打上了穆里尼奥的烙印：防守固若金汤，反击迅猛无比，全员众志成城，充满力量与激情。

2004—2005赛季，"蓝军"以惊人的速度强势崛起，穆里尼奥的英超首秀，就击败了弗格森的曼联队，随后又取得七轮不败，并且只丢1球，直到第九轮才吞下当赛季的首败。而对阵曼城队的这场0比1的败仗，竟然是切尔西队在这个赛季英超的唯一败仗，之后的29轮联赛再也没有输过！

尤其是面对刚刚以赛季不败夺冠的阿森纳队，切尔西队首回合在海布里球场两度落后、两度扳平。后来特里承认，这激发了球队争冠的信心和士气。次回合回到斯坦福桥球场，双方0比0握手言和，切尔西队成功扼杀了对手追赶的最后希望。

第七章 "阿布时代"由"穆帅"开启

最终，切尔西队取得29胜8平1负，拿到95分，创造了当时英超单赛季的历史最高积分，领先第二名阿森纳队多达12分，夺得球队历史上的第一个英超冠军，也是自1955年之后，时隔半个世纪的第二个顶级联赛冠军！

29场胜利、15场客场胜利、25场比赛零封对手、9个客场丢球，切尔西队刷新了多个英超历史纪录，而38轮只丢15球的旷世纪录，至今还没有任何球队能够打破。

穆里尼奥执教切尔西队的第一个赛季，就取得了英超历史上最伟大的成绩之一，还"顺便"击败了曼联队和利物浦队，捧起了联赛杯的冠军奖杯，加冕"双冠王"！唯一的遗憾，也许就是欧冠半决赛总比分0比1被利物浦队淘汰，距离闯入决赛只差一步。

2005—2006赛季，迈克尔·埃辛、肖恩·赖特·菲利普斯、阿西尔·德尔奥尔诺、拉斯·迪亚拉等人的加盟让球队的实力进一步增强，切尔西队乘胜追

03 50年首冠，两连冠

击，先夺得社区盾杯（2002年慈善盾杯更名为社区盾杯）冠军，然后就是英超开局9连胜、11轮不败，大有所向披靡之势。

不过与上个赛季相比，"蓝军"的发挥没有那么稳定了，被曼联队终结"不败金身"之后，又以0比3惨败米德尔斯堡队，爆冷输给过富勒姆队，也曾被查尔顿队和阿斯顿维拉队逼平……

当然，这些"小意外"并没有阻止切尔西队的卫冕脚步。"蓝军"虽然输了5场联赛，但依然拿到91分的高分，领先第二名曼联队8分，球队历史上第一次蝉联顶级联赛冠军，也是英超成立以来第二支成功卫冕的球队。

然而在领取英超冠军奖牌之后，穆里尼奥将其扔给了马修·哈丁看台的切尔西队拥趸，因为相比于英超两连冠，他更希望得到杯赛奖牌，特别是捧起欧冠

第七章 "阿布时代"由"穆帅"开启

奖杯。

可是这个赛季,"蓝军"未能在欧冠小组赛获得头名,而且淘汰赛首轮就遇到了强大的巴萨队。巴萨队首回合就从斯坦福桥球场带走胜利,次回合的诺坎普球场之战则是1比1平局,切尔西队最终止步16强,欧冠赛场上的成绩远不如上个赛季。

04

"狂人"下课！
"穆一期"落幕

其实当时切尔西队中的大多数球员还是非常支持穆里尼奥的，但谁也没想到"穆帅"会如此迅速地被解雇。

第七章 "阿布时代"由"穆帅"开启

此时的"阿布",难免会想起曼联队与皇马队的那场欧冠大战,他最想要的就是欧冠冠军,最希望的就是切尔西队能像上面这两支球队一样,在欧冠赛场取得巨大成功。所以,穆里尼奥虽然称霸英超,但只要没拿到欧冠冠军,俄罗斯老板就不会百分之百满意,甚至会越来越不满意。

为了欧冠冠军,"阿布"在2006年夏天继续砸钱,德国的世界级中场米夏埃尔·巴拉克以自由身加盟,"乌克兰核弹头"安德烈·舍甫琴科以3500万英镑的转

04 "狂人"下课！"穆一期"落幕

会费驰援而来，"阿布"还从曼联队"截胡"尼日利亚中场约翰·米克尔·奥比，从阿森纳队引进"世界第一左后卫"阿什利·科尔，德罗巴的同胞萨洛蒙·卡卢也来了——这样一支"蓝军"，够得上欧冠冠军级别了吧？

然而因为一名新援，穆里尼奥却与"阿布"闹起了矛盾，他就是舍甫琴科。作为当时世界足坛最优秀的前锋之一，舍甫琴科的履历没有任何毛病，并且一直以来都深受"阿布"的喜爱。

可是初来乍到，舍甫琴科对英超的风格和节奏并不适应，穆里尼奥也不想用他。没想到"阿布"直接插手，要求让舍甫琴科首发，这引起了穆里尼奥的强烈不满。因为在"狂人"看来，主教练的权力是至高无上的，任何人都不能干涉，哪怕你是球队的老板。

此外，这已经是穆里尼奥执教切尔西队的第三个赛季了，此前他从未在一支球队执教过这么久。而葡萄牙人的战术打法对球员的体能和精力消耗极大，在完成英超两连冠之后，"蓝军"球员的动力也明显不如以往了。

结果在2006—2007赛季的英超中，切尔西队遭遇了太多的平局，一共多达11场，虽然只输了3场，但38轮共得83分，以6分之差不敌曼联队，屈居亚军。其实，穆里尼奥的球队并非没有机会实现三连冠，可是最后五轮竟然全部打平，也确实让人无可奈何。

欧冠赛场上，切尔西队输给了利物浦队，再次止步半决赛，而且这一次还是倒在了点球大战，罗本和格雷米主罚的点球被扑出。此时的"阿布"已经逐渐失去耐心，所幸，穆里尼奥还是率队在联赛杯决赛中击败阿森纳队、在足总杯决赛中击败曼联队，成为国内杯赛的"双冠王"，以此保住了自己的帅位。

不过在2007年夏天，"阿布"已经不再肆意引援了，只签下了弗洛伦特·马卢达、儒利亚诺·贝莱蒂、克劳迪奥·皮萨罗等球员，一共花了不到2000万英镑，还将罗本转给了皇马队，这也在一定程度上说明他不再绝对信任穆里尼奥了。

第七章 "阿布时代"由"穆帅"开启

而穆里尼奥也没能用成绩重新证明自己。2007—2008赛季刚开始,切尔西队就在点球大战中输给曼联队,先丢了社区盾杯冠军。英超前四轮不败之后,"蓝军"又在客场0比2输给了阿斯顿维拉队、主场0比0战平布莱克本流浪者队。

对于这样的成绩,穆里尼奥并不认为问题出在自己身上。欧冠小组赛首轮对阵挪威的罗森博格队时,他在赛前发布会上说出了那番名言:"没有鸡蛋,就没有煎蛋饼,煎蛋饼质量的好坏取决于鸡蛋的质量。超市里有很多种鸡蛋:甲等鸡蛋、乙等鸡蛋、丙等鸡蛋。有些鸡蛋就是要比其他鸡蛋贵,但这些贵的鸡蛋可以做出更好的煎蛋饼。如果甲等鸡蛋只能在某些高档超市里买到,但你没法去那个超市,你就出问题了。"

显然,这是将矛头直指"阿布"。

在9月18日与罗森博格队的比赛中,遭遇德罗巴和兰帕德因伤缺席的切尔西

04 "狂人"下课！"穆一期"落幕

队竟然在斯坦福桥球场未能拿到开门红，只能无奈接受1比1的结果。

仅仅24小时之后，穆里尼奥就为自己的言论和成绩付出了代价。2007年9月20日，切尔西队官方宣布：与穆里尼奥解除合约！

其实当时切尔西队中的大多数球员还是非常支持穆里尼奥的，但谁也没想到"穆帅"会如此迅速地被解雇。"穆一期"就此落幕。当然，双方的恩怨并未彻底结束。

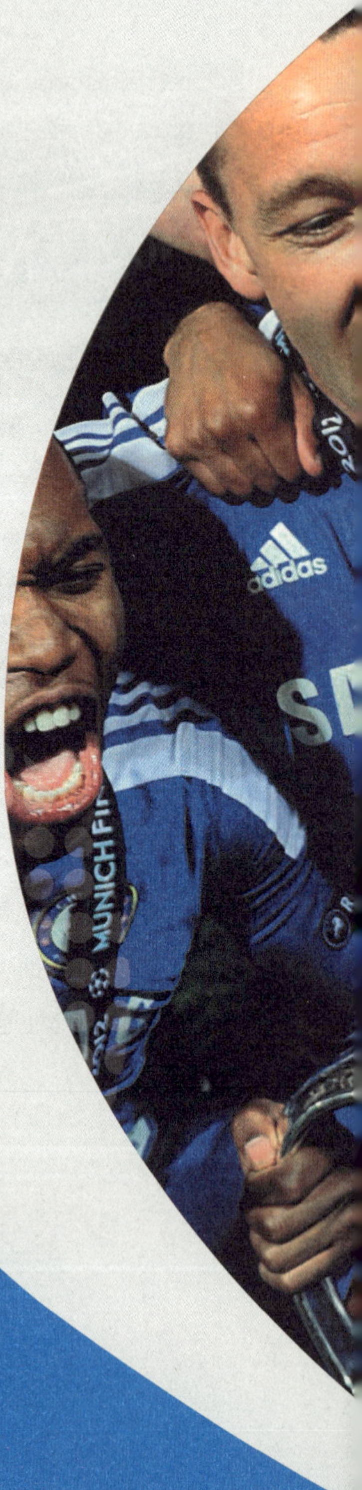
adidas

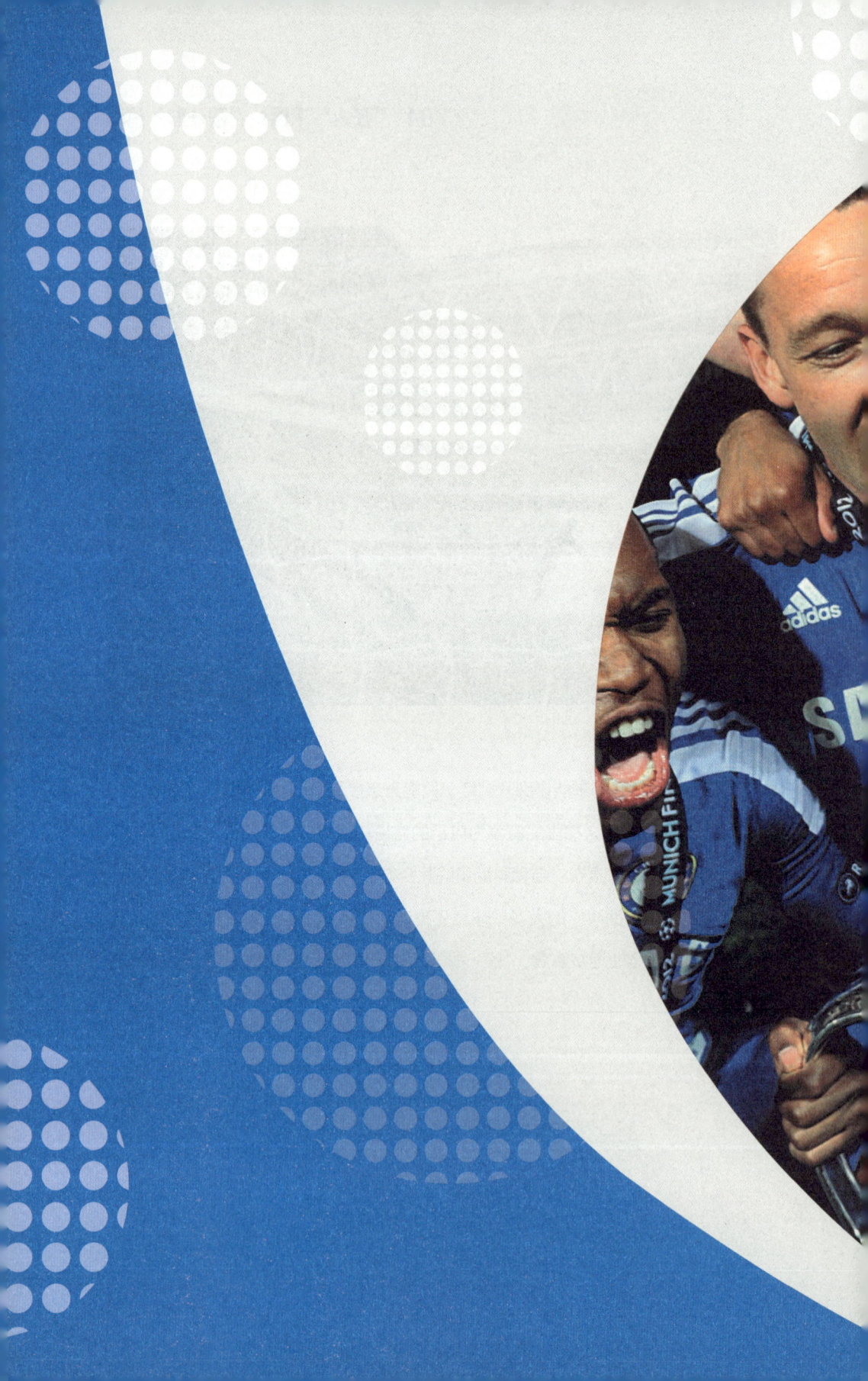

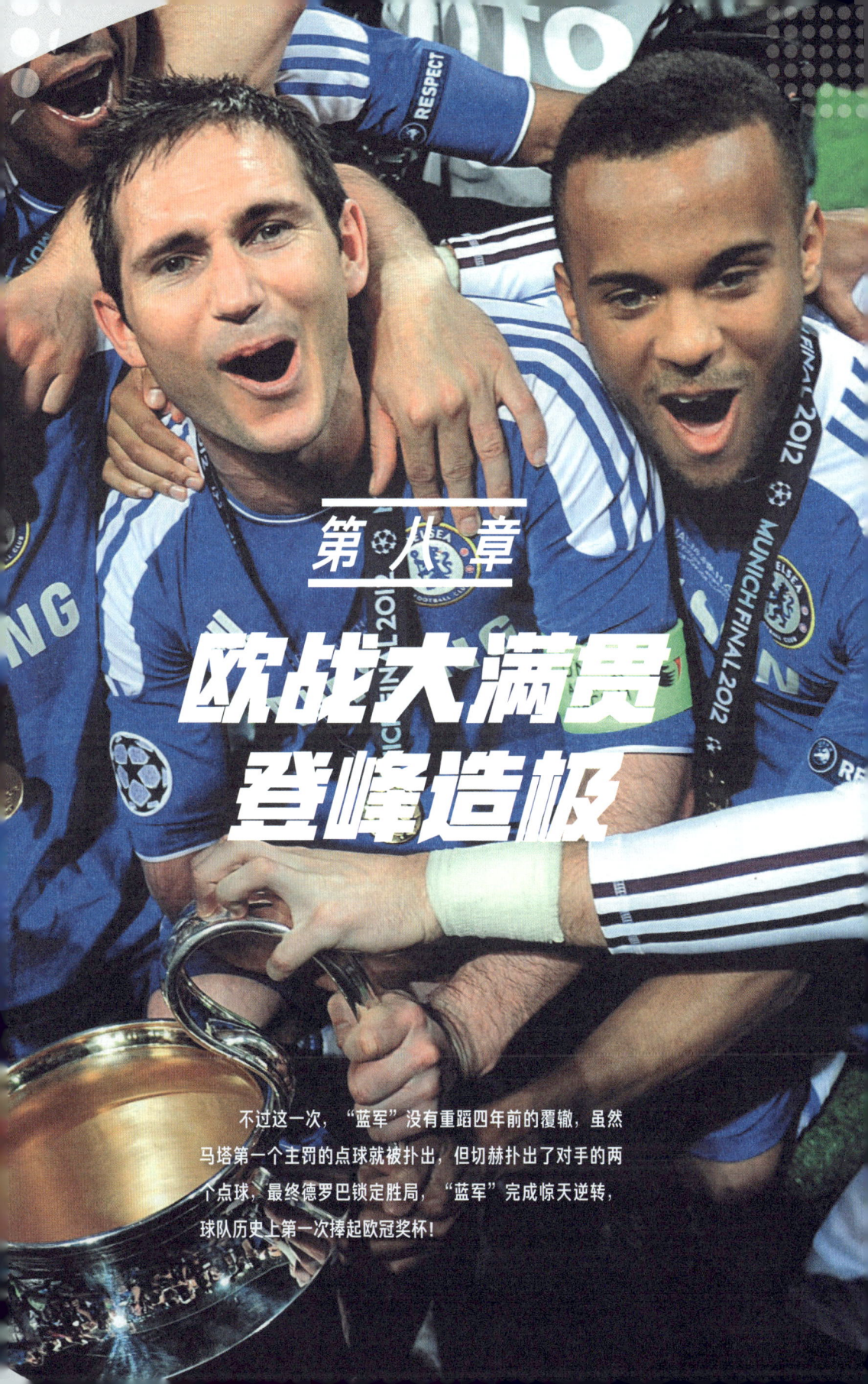

第八章

欧战大满贯
登峰造极

不过这一次,"蓝军"没有重蹈四年前的覆辙,虽然马塔第一个主罚的点球就被扑出,但切赫扑出了对手的两个点球,最终德罗巴锁定胜局,"蓝军"完成惊天逆转,球队历史上第一次捧起欧冠奖杯!

01

莫斯科雨夜,"三亚王"泪流

最遗憾的可能就是格兰特了,三次距离冠军只有一步之遥,却最终成为"三亚王",就是拿不到哪怕一个冠军。

01 莫斯科雨夜,"三亚王"泪流

穆里尼奥是在赛季伊始下课的,那么谁会成为"阿布"聘请的第二位切尔西队主教练呢?答案让人非常意外:不是世界级名帅,而是以色列人阿夫兰·格兰特。

在世界足坛,格兰特名气不大,他在1972年正式开启教练生涯,在2002年执教以色列队之前在以色列国内联赛的球队中任职,并无拿得出手的成绩。这样的履历显然无法让他在欧洲豪门球队获得一份主帅工作,只能在英超球队朴次茅斯队当技术总监。

后来,格兰特与"阿布"通过经纪人结识,"阿布"把他请到了切尔西队担任相同职位,美其名曰"为球队提供技术支持,负责制定长远发展计划",实则是为了削弱穆里尼奥的权力。而"穆帅"下课之后,格兰特顺势上任,成为"蓝军"的临时主教练。

第八章 欧战大满贯 登峰造极

此时，伦敦城里充斥着对切尔西队的担心。虽然格兰特的执教首秀就输给了曼联队，但他很快就率领球队走上正轨，不仅欧冠小组赛顺利出线，还稳居英超前三，联赛杯也进入八强。唯一的问题，就是格兰特本人竟然没有足联执教资格证！不过这没关系，他边上课边执教，还成功转正，签下了为期四年的正式合同。

2008年1月，切尔西队又引进了法国前锋尼古拉·阿内尔卡和塞尔维亚边后卫布拉尼斯拉夫·伊万诺维奇。伊万诺维奇来了，格兰特却不用他，还把他下放到预备队！切尔西队的成绩也开始出现波动，尤其是足总杯第六轮被第二级别球队巴恩斯利队爆冷淘汰，令"阿布"勃然大怒，向以色列人下达了"不夺冠就下课"的"最后通牒"！

不得不说，格兰特够走运，也不够走运。英超赛场，他率领切尔西队强势争冠，在"天王山之战"中2比1击败曼联队，将积分追平！可惜不走运的是，"蓝军"最终还是倒在了赛季最后一轮，战平博尔顿队，以2分之差屈居亚军。

01 莫斯科雨夜，"三亚王"泪流

联赛杯赛场，格兰特带领切尔西队一路闯入决赛，距离冠军只有一步之遥！可惜的是，"蓝军"在率先领先的情况下被热刺队拖入加时赛，最终惨遭逆转，成为"双亚王"！

而最能证明格兰特没有"冠军命"的，当数欧冠赛场。"蓝军"在淘汰赛阶段接连淘汰希腊的奥林匹亚科斯队和土耳其的费内巴切队，半决赛又经过两回合以及加时赛的苦战，以4比3的总比分力克利物浦队，球队历史上首次进入欧冠决赛！

2008年5月21日，欧冠决赛在莫斯科的滂沱大雨中打响，切尔西队与曼联队的"英超内战"上演。

第26分钟，切尔西队的球门被曼联队的葡萄牙球星克里斯蒂亚诺·罗纳尔多头球攻破，不过，兰帕德在上半场结束前将比分扳平。此后，两支球队再无建树，"蓝军"队长特里更是在加时赛中用头挡出了威尔士球星瑞恩·吉格斯的绝杀球！最终，最残酷的点球大战来了！

第八章 欧战大满贯 登峰造极

"残酷"只是对于切尔西队而言。虽然克里斯蒂亚诺·罗纳尔多罚丢点球，但特里也出现失误，他脚下打滑，将球打上看台。最后一个出场的阿内尔卡辜负了格兰特的信任，一脚射门正中曼联队门将埃德温·范德萨的下怀！

就这样，切尔西队输掉了历史上的第一场欧冠决赛，特里、兰帕德等人流下了遗憾的泪水。最遗憾的可能就是格兰特了，三次距离冠军只有一步之遥，却最终成为"三亚王"，就是拿不到哪怕一个冠军。

"阿布"也兑现了他的"最后通牒"，让合同还有三年的格兰特提前下课了。其实俄罗斯人还想把他留在球队，让他重新担任技术总监，以备日后的不时之需，但格兰特这一次非常识时务地选择了彻底离开。

02

"金牌教练"皆过客

2009年2月9日，在执教切尔西队仅仅223天之后，斯科拉里就黯然下课，当然，他还带走了一笔不菲的解约金。

第八章 欧战大满贯 登峰造极

解雇格兰特之后,"阿布"的选择有很多,比如巴萨队主帅弗兰克·里杰卡尔德、国际米兰队教头罗伯托·曼奇尼,但是巴西人路易斯·费利佩·斯科拉里的金字招牌,还是吸引了"阿布"的全部目光。

2002年率领巴西队夺得世界杯冠军,让斯科拉里从此成为世界足坛各大豪门球队的座上宾。对于"阿布"来说,在拥有过欧冠冠军主帅穆里尼奥之后,也只有大力神杯的得主才能令他动心。

02 "金牌教练"皆过客

"阿布"与斯科拉里签订了一份为期三年的合同,巴西人的年薪高达600万英镑。而他的到来,也吸引了一些葡萄牙语系球员的加盟,比如巴萨队的中场德科和波尔图队的右后卫博辛瓦。

不过,这也是2008年夏天"阿布"在转会市场上仅有的两笔投入。原因无他,全球陷入金融危机,"阿布"的资产也大幅缩水,他暂时无法再像前几年那样挥金如土了。

在斯科拉里的执教下,切尔西队的成绩却出人意料的糟糕。在2008年10月不敌利物浦队之后,"蓝军"一路走低,自11月15日后的12轮联赛更是仅仅取胜4场,25轮战罢积49分,创下"阿布"时代的同期最差战绩,竟比2005—2006赛季同期少了17分之多!

更糟糕的是,切尔西队连续86场联赛主场不败的纪录也在"大菲尔"手中终结,这可是穆里尼奥时代留下的最后"遗产"。"盛名之下,其实难副","阿布"对巴西名帅的失望可想而知。

此外,切尔西队内部也爆发矛盾。德罗巴抱怨替补身份,阿内尔卡拒绝担任边锋,乔·科尔因被换下场与斯科拉里发生争吵,特里和兰帕德这两位队内灵魂人物也对巴西人的训练方式极为不满。而当战绩不佳时,斯科拉里又总是将责任卸推给球员,更引发球员的集体不满。

2009年2月9日,在执教切尔西队仅仅223天之后,斯科拉里就黯然下课,当然,他还带走了一笔不菲的解约金。

世界杯冠军教头都不行,"阿布"还能请谁?当然是"神奇教头"了!

荷兰人古斯·希丁克就是那位"神奇教头"。希丁克是行业里的翘楚,20世纪80年代,他就率埃因霍温队问鼎欧冠,随后带领荷兰队闯入1998年世界杯四强,转而执教皇马队,再夺丰田杯(洲际杯的前身)冠军,2002年更率韩国队历史上首次打入世界杯四强,名满天下!

第八章 欧战大满贯 登峰造极

2006年世界杯后,"阿布"把希丁克请到了祖国俄罗斯,希丁克又带领俄罗斯队淘汰了荷兰队,挺进2008年欧洲杯四强,真的不负"神奇教头"的美誉。看上去也只有他,能够来执教切尔西队了。

希丁克给"阿布"面子,答应来做兼职。刚一来,他就在欧冠1/8决赛淘汰了拉涅利率领的尤文图斯队,让"阿布"倍儿有面子。而1/4决赛,荷兰人又率领切尔西队与利物浦队展开两场轰轰烈烈的进球大战,特别是次回合的主场之战堪称经典,4比4的比分让"蓝军"拥趸看得大呼过瘾,"阿布"也终于看到了他想要的"美丽足球"。

半决赛,切尔西队遇到了巴萨队。两回合的比赛可以说是充满争议,在诺坎普球场,博辛瓦在禁区内拉倒了蒂埃里·亨利,但主裁判没有吹罚点球;而在斯坦福桥球场,杰拉德·皮克和萨穆埃尔·埃托奥均在禁区内手球,主裁判依旧没有吹罚点球,这才有了巴拉克的咆哮和德罗巴的怒指。

02 "金牌教练"皆过客

后来,次回合的当值主裁判在接受采访时回忆道:"真希望那天能有VAR(视频助理裁判)帮助我,上半场结束后,我的助手和我都觉得我们在场上拥有掌控权。然而比赛结束后,那种感觉荡然无存。两个小时内,我从一位公正而又受人尊敬的裁判,变成了国际足坛最大的傻瓜。"希丁克则直言不讳:"当值主裁判的表现让我吃惊,他过去执法表现很好,那是我唯一觉得有假球嫌疑的比赛。"

切尔西队无缘欧冠决赛,但希丁克还是率领"蓝军"在足总杯决赛中击败埃弗顿队,达到了格兰特未能达到的成就;英超赛场上,切尔西队也顺利获得第三名,拿到下赛季的欧冠资格。

这样的成绩,让"阿布"非常满意,再加上他和希丁克之间的交情,所以非常希望"神奇教头"能够留下。切尔西队球员对此也非常支持,因为希丁克的个人魅力征服了以特里、兰帕德和德罗巴为首的队委会成员。

然而,圆满完成任务的希丁克并未贪恋帅位,如约卸任回归本职工作。"阿

第八章 欧战大满贯 登峰造极

布"纵然再强硬，怎能罔顾祖国足球发展之大计？所以只能无奈放行，但对其仍是念念不忘。

切尔西队的下一任主帅，是卡尔洛·安切洛蒂。他手握意大利足球甲级联赛（简称"意甲"）冠军和欧冠冠军，以"圣诞树"打法（"4321"阵形）独树一帜，性格温和幽默，与手下相处极佳，人脉资源也非常丰富，无论从哪个角度来说，他都是接任希丁克的最合适人选。

"阿布"为了聘请安切洛蒂为帅，亲自三顾茅庐，终于游说成功，欢天喜地地返回伦敦。安切洛蒂上任后的首个赛季，就取得了相当不错的战绩！

2009—2010赛季，安切洛蒂先是在社区盾杯中率领"蓝军"点球击败曼联队，喜获开门红，接着又率队取得英超开局六连胜，踏上新赛季的争冠之路。最终切尔西队高歌猛进、笑到最后，以1分优势力压曼联队，夺得球队历史上的第三

02 "金牌教练"皆过客

个英超冠军！切尔西队在38轮联赛中一共打入103球，也创造了当时英超单赛季的历史进球纪录。

足总杯赛场，切尔西队顺利闯进决赛，凭借德罗巴的制胜进球击败朴次茅斯队，成功卫冕，第一次加冕球队历史上联赛、足总杯"双冠王"！而有"魔兽"美誉的德罗巴，也在整个赛季轰入37球，创下职业生涯的新纪录。

虽然切尔西队止步欧冠16强，但进球如潮的"美丽足球"还是让"阿布"对安切洛蒂多了一份耐心，安帅也成为穆里尼奥之后第一位熬到第二个赛季的主教练。然而意大利人的帅位危机还是在2010年11月如期而至。

安切洛蒂的助理教练被解雇成为导火索，此后的9场英超比赛，切尔西队仅仅取得1胜4平4负，联赛夺冠几乎没有希望，又在欧冠八强战中被曼联队淘汰。哪怕"阿布"在2011年冬天斥资5000万英镑从利物浦队引进西班牙前锋费尔南多·托雷斯，也无法挽回颓势。

第八章 欧战大满贯 登峰造极

最终在2011年5月8日再负曼联队之后,"阿布"下定决心解雇安切洛蒂。不过俄罗斯人下手的方式,却是史无前例的残酷:赛季最后一轮联赛,在切尔西队客场0比1不敌埃弗顿队之后,安切洛蒂竟然是在球队大巴上接到了自己的下课通知!

03

佛光普照,"救火"救成欧冠冠军

"救火"救成欧冠冠军,迪马特奥创造了奇迹,书写了历史,成为切尔西队最神奇的主教练!

第八章 欧战大满贯 登峰造极

赶走安切洛蒂之后,"阿布"又开始想念穆里尼奥了,但"狂人"暂时没有"吃回头草"的打算,于是"阿布"在2011年夏天请来了有"小穆里尼奥"之称的葡萄牙人安德雷·维拉斯-博阿斯。从博阿斯的执教特色、行事作风、工作履历来看,他简直就是"狂人"翻版,但博阿斯在打法上却崇尚何塞普·瓜迪奥拉的战术理念,他被誉为两大名帅的结合体,这令有"穆瓜情结"的"阿布"神迷不已。

为了让博阿斯实现真正的"美丽足球","阿布"引进了西班牙前腰胡安·马塔、葡萄牙中场劳尔·梅雷莱斯和年仅18岁的比利时前锋罗梅卢·卢卡库。

然而现实与理想相悖,博阿斯的球队并没有实现"美丽足球"的梦想,反而防守端漏洞百出,成绩与场面双双迷失。等到这一年最后一天输给阿斯顿维拉队之后,切尔西队已经跌出积分榜前四名,而且落后领头羊曼联队多达13分。

雪上加霜的是,博阿斯禁止阿内尔卡和阿莱士参加训练,将他们列入清洗名单,之后又把兰帕德、科尔等人排除在首发阵容之外,导致球员集体倒戈!

"阿布"实在看不下去了,主动要求博阿斯把老将重新放入首发名单,博阿斯照做了,但双方的裂痕已经无法修补。2012年3月3日,切尔西队客场0比1不敌西布罗姆维奇队,第二天,球队官方宣布博阿斯下课,助理教练迪马特奥成为临时主帅,也就是所谓的"救火教练",直到赛季结束。

迪马特奥是切尔西队的功勋老臣,为"蓝军"出场175次、打入26球,立下赫赫战功,退役之后经过执教西布罗姆维奇队的历练,被博阿斯聘为副帅,终在老东家谋得一席之地。

03 佛光普照，"救火"救成欧冠冠军

实际上，博阿斯被解雇之时，恰逢赛季中后期，这次希丁克无法前来支援，"阿布"只能依寻常惯例，让迪马特奥充当临时主帅。迪马特奥临危受命，当时大众普遍认为他是过渡主帅，而非真正的主帅人选，一个赛季结束，必将让位给新帅。然而出人意料的是，迪马特奥竟然创造了奇迹！

因为有着一颗铮亮的光头，和煦的笑容充满"佛性"，迪马特奥被调侃为"佛帅"，而在"蓝军"的教练岗位上，他真的做到了"佛光普照"。

迪马特奥重新重用切尔西队的老将，同时摒弃了博阿斯过于激进的技术流打法，恢复铁血防守和冲击型打法，结果切尔西队在欧冠1/8决赛首回合1比3输给那不勒斯队的情况下，次回合上演大逆转，4比1成功翻盘，以5比4的总比分晋级八强！

1/4决赛"双杀"本菲卡队之后，切尔西队又在欧冠半决赛遭遇上个赛季的冠

第八章 欧战大满贯 登峰造极

军巴萨队。首回合坐镇斯坦福桥球场,"蓝军"顶住了对手的24次射门,凭借德罗巴的进球,以最小的代价赢得了最大的胜利。

6天之后,切尔西队做客诺坎普球场,巴萨队的塞尔吉奥·布斯克茨和安德雷斯·伊涅斯塔各入一球,"红蓝军团"(巴萨队的绰号)将总比分反超,特里却被红牌罚下,然而少一人作战的"蓝军"反倒杀红了眼。第45分钟,兰帕德送出直传球,拉米雷斯一路狂奔杀入禁区,面对西班牙门将维克托·巴尔德斯冷静挑射破门,将总比分扳平!

在伤停补时第2分钟,科尔将球大脚解围,替补登场的托雷斯一骑绝尘,轻松过掉巴尔德斯推射得手,打入绝杀球!就这样,切尔西队以3比2的总比分将巴萨队击败,跻身欧冠决赛。

欧冠决赛开始之前,切尔西队以2比1的比分击败利物浦队,夺得了足总杯冠军。2012年5月19日,欧冠巅峰对决打响,切尔西队的对手是拜仁慕尼黑队,决赛场地又恰恰是在慕尼黑的安联球场,后者是真正的主场作战。

切尔西队的问题是严重缺兵少将,队长特里红牌停赛,拉米雷斯、伊万诺维奇和梅雷莱斯也停赛缺席,所以只能以守为主。然而守了80多分钟,还是没有守住,托马斯·穆勒一记头球,攻破了切赫把守的球门。

眼看"蓝军"就要再次饮恨欧冠决赛,德罗巴在生死关头挺身而出。第88分钟,他接马塔开出的角球头槌破门,将比分扳平,同时也将比赛拖入加时赛!

然而加时赛第5分钟,进球功臣德罗巴却出现失误,他在禁区内放倒了弗兰克·里贝里,拜仁慕尼黑队获得点球!"小飞侠"罗本主罚,面对老东家和老队友,他没能抓住机会,切赫猜对了方向,将球神勇扑出,切尔西队的命运再次被拯救。

此后,双方再无建树,继2008年之后,切尔西队再次迎来了欧冠决赛的点球大战。不过这一次,"蓝军"没有重蹈四年前的覆辙,虽然马塔第一个主罚的点球

03 佛光普照,"救火"救成欧冠冠军

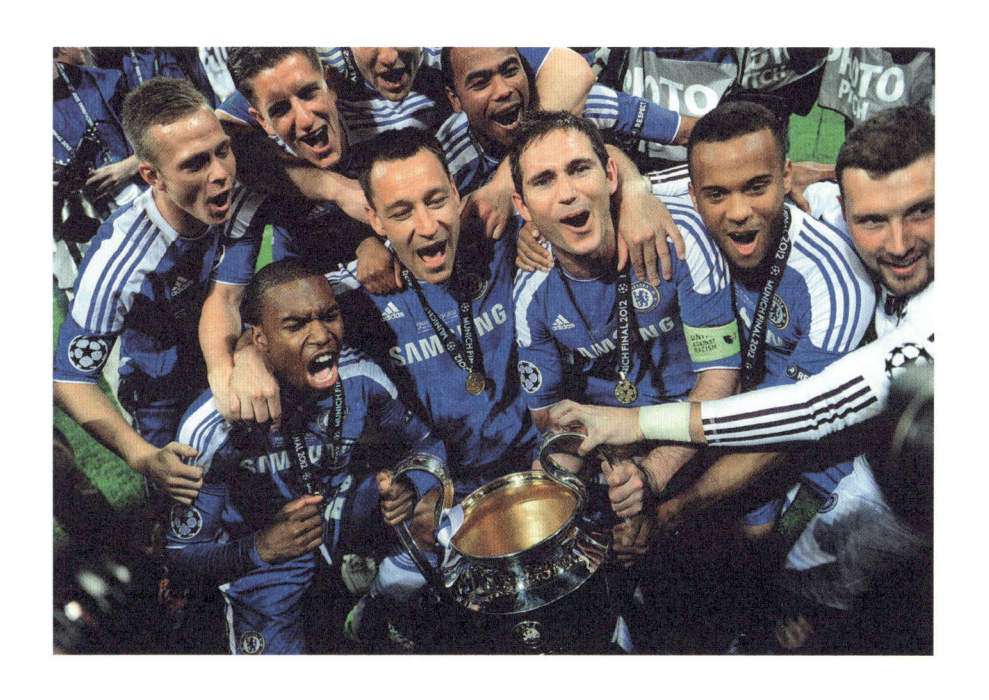

就被扑出,但切赫扑出了对手的两个点球,最终德罗巴锁定胜局,"蓝军"完成惊天逆转,球队历史上第一次捧起欧冠奖杯!

"救火"救成欧冠冠军,迪马特奥创造了奇迹,书写了历史,成为切尔西队最神奇的主教练!

04

"佛帅"下课，"贝大师"成就大满贯

要欧冠奖杯，他有；要"美丽足球"，他也在尝试并小有成果；论对球队忠心，他毫不犹豫接受续约；论将士爱戴，从兰帕德到切赫无不念着他的好。

04 "佛帅"下课，"贝大师"成就大满贯

然而在切尔西队勇夺欧冠冠军之后，"阿布"并未在第一时间向迪马特奥奉上长约，只是在无法请到瓜迪奥拉后，才"恩赐"给迪马特奥两年合约，第二年"阿布"还有优先选择权。

此外，俄罗斯人还为"佛帅"设置了难题：给你一堆青年天才，还我一支"美丽之师"！可迪马特奥再次展现自己的能力，竟将巴西中场奥斯卡和比利时天才埃登·阿扎尔完美融合。

2012—2013赛季初，切尔西队高歌猛进，踢出的"美丽足球"让世人交口称赞。不过，要转型必经阵痛期，切尔西队在欧冠负于顿涅茨克矿工队，英超又被裁判"冤杀"，2比3不敌曼联队，迪马特奥的命运发生转折。

在其上任的第262天、切尔西队在欧冠小组赛0比3不敌尤文图斯队的次日凌晨，切尔西队宣布主帅迪马特奥下课，"佛帅"终究没能见到第二天的朝阳，被解雇于黎明之前。

要欧冠奖杯，他有；要"美丽足球"，他也在尝试并小有成果；论对球队忠心，他毫不犹豫接受续约；论将士爱戴，从兰帕德到切赫无不念着他的好。可惜的是，如此功勋主帅最终也是难逃下课的命运。随后，"阿布"火速敲定了"佛帅"的接班人，他就是西班牙名帅拉斐尔·贝尼特斯，身份则还是临时主帅。

对于这一人选，切尔西队球迷很是不满，因为贝尼特斯执教利物浦队时，曾两次把切尔西队挡在欧冠决赛之外。而贝尼特斯也是带着任务来的，那就是彻底激活昔日爱徒费尔南多·托雷斯。

第八章 欧战大满贯 登峰造极

不过，贝尼特斯的开局并不好，切尔西队终究还是未能从欧冠小组赛出线，成为欧冠历史上第一支小组赛出局的上个赛季冠军，只能"降级"去踢欧联。而在12月份的国际足联俱乐部世界杯上，"蓝军"更是在决赛输给巴西的科林蒂安队，无缘冠军。

所幸，作为曾在2005年欧冠决赛上演"伊斯坦布尔奇迹"的一代名帅，贝尼特斯应付欧联还是绰绰有余的，切尔西队先后淘汰布拉格斯巴达队、布加勒斯特星队、喀山红宝石队和巴塞尔队，进入最终的决赛。

2013年5月15日，切尔西队在决赛中迎战本菲卡队。贝尼特斯的球队顶住了对手的狂轰滥炸，在第60分钟率先打破僵局：切赫手抛球发动进攻，马塔脚后跟妙传，托雷斯强势奔袭，过掉对方门将之后轻松推射破门！进球之后，"金童"托雷斯单膝跪地，弯弓搭箭，意气风发！

04 "佛帅"下课,"贝大师"成就大满贯

然而在第68分钟,塞萨尔·阿斯皮利奎塔在禁区内手球送点,本菲卡队扳平比分。就在比赛即将结束时,一年前欧冠决赛的一幕再次上演:伤停补时第2分钟,马塔开出角球,伊万诺维奇头球破门!

不过,这次不是绝平,而是绝杀,切尔西队最终2比1取胜,球队历史上第一次夺得欧联冠军,从而成为继尤文图斯队、阿贾克斯队和拜仁慕尼黑队之后,欧洲足坛第四支完成欧洲三大杯(欧冠、欧洲优胜者杯、欧联)"大满贯"的球队,更是第一支在两年内先夺欧冠冠军再夺欧联冠军的球队,可谓登峰造极!

而在英超赛场上,切尔西队虽积分与榜首相差较大,但还是获得第三名,成功获得下赛季的欧冠资格,兰帕德还以203球打破了博比·坦布林保持的球队历史进球纪录,别忘了,他可是一名中场球员!

第九章

19年21冠 "阿布时代"落幕

从2003年到2022年，"阿布"拥有切尔西队长达19年，总投入高达21亿英镑，为球队带来了包括第一座英超冠军奖杯、第一座欧冠冠军奖杯在内的19座各项赛事的冠军奖杯，让切尔西队真正屹立于足坛豪门之列。

01

"穆二期"

切尔西队加冕"双冠王",穆里尼奥终于扬眉吐气,走出了"穆一期"留下的阴影,不过欧冠依然是他在切尔西队的梦魇。

01 "穆二期"

一座欧联冠军奖杯,并没有让贝尼特斯转正。"阿布"又开始寻找下一任切尔西队主帅。他最青睐的还是瓜迪奥拉,但瓜迪奥拉在休息一年之后,最终选择执教拜仁慕尼黑队。于是,俄罗斯人决定重新将穆里尼奥请回切尔西队。

离开切尔西队之后,穆里尼奥在国际米兰队夺得了个人第二个欧冠冠军,缔造了"三冠王"伟业;在皇马队对抗巴萨队,拿到了西甲的冠军。他依然是世界足坛最优秀的主教练之一。

第九章 19年21冠 "阿布时代"落幕

而在上任的新闻发布会上，穆里尼奥再次让英国媒体感到兴奋，他说道："上一次来到这里的时候，我跟大家说，我是特殊的一个，而现在我要告诉你们的是，我是快乐的一个。这是我执教生涯里第一次来到一支我热爱的球队执教，因为我曾经在这里执教过几年，所以爱上了这里。同时作为切尔西队球迷和切尔西队主教练，对我来说既是崭新的感觉，也是梦幻般的感觉。"

然而，"穆二期"的开局并不顺利，回归首秀，穆里尼奥率领的切尔西队就在点球大战中输给了拜仁慕尼黑队，无缘欧洲超级杯冠军，而英超的首场失利，在第四轮就早早到来。

虽然穆里尼奥率队奋起直追，打出过4比0大胜热刺队、6比0横扫阿森纳队的经典战役，但更多时候，切尔西队在进攻端的表现并没有那么出色。而在被西汉姆联队0比0逼平之后，穆里尼奥怒斥对手"踢的是19世纪的足球"，这一言论引起轩然大波。

另外一个比较大的争议是穆里尼奥在2014年冬天将马塔转给了曼联队，同时又将比利时中场凯文·德布劳内放走，前者是切尔西队的组织核心，后者则将在未来成为世界上最杰出的中场之一。

最终，切尔西队获得英超第三名，距离夺冠的曼城队只差4分，这让人看到了希望。在欧冠赛场上，"蓝军"再次打出经典战役，1/4决赛逆转巴黎圣日耳曼队，闯入半决赛，可惜最终不敌马德里竞技队，无缘决赛。穆里尼奥还是未能在斯坦福桥球场突破瓶颈，遭遇赛季无冠的尴尬。

2014年夏天，穆里尼奥在"阿布"的支持下开始大清洗。球队历史上最伟大的球员之一兰帕德走了，他原本希望续约留队，但最终失望离开。阿什利·科尔、大卫·路易斯也走了，费尔南多·托雷斯则在冬天离开。

西班牙双星塞斯克·法布雷加斯和迭戈·科斯塔携手加盟，组成了新的进攻中轴线，另一位西班牙球员阿斯皮利奎塔被放在了左后卫的位置上，以便激活左

01 "穆二期"

边锋阿扎尔，而德罗巴也重返球队。

这才是穆里尼奥想要的切尔西队，这支球队也很快绽放出光芒！从2014—2015赛季英超第三轮2比0战胜莱斯特城队之后，"蓝军"就一直牢牢占据着积分榜榜首的位置，从未被拉下马。豪门球队曼城队、利物浦队都无法阻止其前进的脚步，只有热刺队曾经赢过"蓝军"一场5比3，但那只是一场意外。

38轮联赛结束，切尔西队一共只输了3场，拿到87分，以8分的优势夺得球队历史上的第四个英超冠军！而这四座英超冠军奖杯，有三座是穆里尼奥拿下的，他绝对称得上是"蓝军"历史上最伟大的主教练之一。

切尔西队能夺冠，"法科连线"功不可没。科斯塔打入20球，在英超射手榜上排名第三。法布雷加斯则是送出18次助攻，排在英超助攻榜榜首。除此之外，阿扎尔也打入14球、送出9次助攻，并且获得了英格兰职业球员协会颁发的年度最佳球员奖。

第九章 19年21冠 "阿布时代"落幕

联赛杯方面，切尔西队也是一路高歌猛进，半决赛淘汰利物浦队，与热刺队会师决赛。这一次，穆里尼奥没有重蹈联赛中输给热刺队的覆辙，特里打入职业生涯的首个决赛进球，科斯塔锦上添花，最终帮助球队捧起了历史上的第五个联赛杯冠军奖杯。

切尔西队加冕"双冠王"，穆里尼奥终于扬眉吐气，走出了"穆一期"留下的阴影，不过欧冠依然是他在切尔西队的梦魇。"蓝军"虽然以小组第一出线，但在1/8决赛战平巴黎圣日耳曼队，最终以客场进球少的劣势惨遭淘汰，止步16强。这样的结果，显然无法令"阿布"满意，因为2015年，是切尔西队成立110周年，没有什么比"三冠王"更好的礼物了。

2013年6月，穆里尼奥与切尔西队签约4年，率队拿到了英超、联赛杯冠军。

01 "穆二期"

但是双方的蜜月期竟然比上一次还要短,主要原因之一,就是穆里尼奥与队内头号球星阿扎尔发生了矛盾。

穆里尼奥批评了阿扎尔的训练态度:"他是一个训练糟糕的优秀球员,虽然他每天早上都在球场上训练,但并不怎么努力。"后来,阿扎尔在接受采访时回击道:"为穆里尼奥效力的最后一个赛季一点都不开心,我们赢不了球,所以我们的训练一点乐趣都没有。"

在2015—2016赛季的首轮英超里,切尔西队的女队医擅自冲入球场为受伤的阿扎尔检查伤势,导致阿扎尔必须去场边接受短暂治疗,穆里尼奥对此大发雷霆,不仅严厉批评了女队医,还禁止她随队进场,双方甚至对簿公堂!

另一个主要原因,就是切尔西队成绩断崖式下滑。英超前四轮,切尔西队只获得1场胜利。在此之后,"狂人"又遭打击,主力门将蒂博·库尔图瓦因伤缺席三个月,科斯塔则因为击打对手,被禁赛三场。

情况愈演愈烈,英超16轮战罢,切尔西队已经输了9场,排名积分榜第16位,仅领先降级区1分。"阿布"忍无可忍,只能在2015年12月17日再次宣布穆里尼奥下课!短暂的"穆二期"也就此结束了,宾主二人终究还是没能迎来圆满的大结局。

02

意大利主帅

2016年夏天,"阿布"又将目光转移到了意大利教练的身上。

02 意大利主帅

"阿布"再一次聘请希丁克担任切尔西队的临时主帅，不过这一次"神奇教练"的"神奇"只是让球队没有降级之忧。最终，"蓝军"仅仅获得英超第10名，这是自1995—1996赛季之后的最低排名了，球队在各条战线上自然也是"四大皆空"，没有任何冠军入账。

2016年夏天，"阿布"又将目光转移到了意大利教练的身上。维亚利、安切洛蒂和迪马特奥都曾经在切尔西队取得过成功，现在轮到安东尼奥·孔蒂了。孔蒂为尤文图斯队带来过联赛三连冠，后来执教意大利队，但在2016年欧洲杯开始之前就已经接受"阿布"的邀请。

作为回报，"阿布"在这个夏天为孔蒂引进了强援，法国后腰恩戈洛·坎特、西班牙左后卫马科斯·阿隆索加盟球队，大卫·路易斯也回来了。不过赛季开始之后，切尔西队接连输给利物浦队和阿森纳队，孔蒂深切体会到执教英超球队的压力。

关键时刻，孔蒂自我纠错，将四后卫阵形变为"343"阵形，边后卫阿斯皮利奎塔变成了中卫，左翼卫阿隆索的助攻能力被激活，边锋维克托·摩西则被改造为右翼卫，坎特和内马尼亚·马蒂奇的中前卫搭配既攻防兼备。阿扎尔在左内锋的位置上重新找回状态，和佩德罗一起埋伏在科斯塔的身后。

孔蒂的这次无心插柳的变阵，却让切尔西队大杀四方，取得英超十三连胜，创造了球队的连胜纪录，他也成为英超历史上第一位连续三个月获得月度最佳主帅的教练。

第九章 19年21冠 "阿布时代"落幕

整个2016—2017赛季，切尔西队的前进脚步都无法被阻挡，赢下了38场联赛里的30场，创造了单赛季获胜场次历史纪录，最终提前两轮夺冠，第五次捧起英超的冠军奖杯！

在足总杯赛场，"蓝军"也是一路杀入决赛，可惜在温布利球场1比2不敌阿森纳队，未能加冕"双冠王"。不过，孔蒂还是从"阿布"手中得到了一份新合同，但有意思的是，这份合同只是涨了薪水，并未延长任期，这让意大利人感到有些不满。

2017年夏天，切尔西队的队长、领袖、传奇特里离开了，和兰帕德的待遇一样，"阿布"决定不与他续约。"从我14岁第一次签约这支球队开始，它就给了我一切。当我情绪低落时，它把我抱起；当我踢了糟糕的比赛让它失望时，它还在歌唱我的名字。怎么谢它都不够，我会在未来的岁月里永远支持这支球队。"特里的话

02 意大利主帅

中充满悲伤,"这不是一个童话般的结局,需要我花几天时间来适应。"

塞尔维亚后腰马蒂奇也走了,虽然有阿尔瓦罗·莫拉塔、达维德·扎帕科斯塔、丹尼·德林克沃特等人的加盟,但并不能补强球队的阵容实力。

孔蒂自己也有问题。他将科斯塔排除在新赛季的名单之外,导致将帅之间彻底决裂,进而引发球队内部的矛盾;他与穆里尼奥对骂,影响了球队的士气和专注力。总之,"铁腕治军"的孔蒂很快就在球队内部失去了人心,球队的成绩也随之一落千丈。

最终,作为上个赛季冠军的切尔西队在2017—2018赛季仅仅获得英超第5名,无缘下赛季的欧冠。虽然切尔西队成功问鼎足总杯,但欧冠止步16强,这是让"阿布"最无法接受的。于是在赛季结束后,合同尚未到期的孔蒂被解雇了,取代他的则是另一位意大利教练——毛里西奥·萨里。

第九章 19年21冠 "阿布时代"落幕

萨里是当时意大利足坛的当红教头，三个赛季里两次带领那不勒斯队获得联赛亚军，而且十分推崇"传控足球"。为了得到他，"阿布"不惜向那不勒斯队支付了500万欧元的解约金，萨里则带着自己标志性的"433"阵形以及爱徒若日尼奥来到了切尔西队。

为了确立若日尼奥的中场核心地位，萨里不惜把坎特的位置推到前场，让他更多地参与进攻。为了复制在意大利足坛中大杀四方的"死亡三小"进攻模式，萨里不惜让阿扎尔踢"伪9号"。

一开始，"萨里式足球"产生了不错的效果，直到2018年11月中旬，切尔西队一直保持不败。但被热刺队打破"不败金身"之后，"蓝军"的表现变得起伏不定。特别是进入2019年之后，哪怕拥有了萨里的旧将、阿根廷前锋冈萨洛·伊瓜因，"蓝军"还是连续输给阿森纳队和伯恩茅斯队，甚至在客场0比6惨败于曼城队脚下，萨里险些当即就被解雇！

所幸，萨里及时止住了颓势，最终还是拿到了英超季军，保住了下赛季的欧冠资格。不过在欧联赛场上，他倒是为"蓝军"再添一座冠军奖杯：切尔西队淘汰一众对手，与阿森纳队会师决赛。

这场在阿塞拜疆举行的欧联决赛，成为阿扎尔表演的舞台，他梅开二度，率领球队4比1取胜，捧起冠军奖杯！而这也是阿扎尔在切尔西队踢的最后一场比赛了。

此外，切尔西队还闯入了联赛杯决赛，可惜点球大战不敌曼城队，屈居亚军。不过更吸引人眼球的不是比赛结果，而是"凯帕事件"。

西班牙门将凯帕·阿里萨瓦拉加·雷韦尔塔在这个赛季加盟"蓝军"，转会费高达8000万欧元。他在联赛杯决赛中首发，但在加时赛快结束的时候，萨里想要换上更善于扑点球的替补门将威利·卡瓦列罗。然而，让人吃惊的一幕发生了：凯帕直接示意不需要换人，拒不下场！

02 意大利主帅

萨里没有办法，没有坚持换人，最后切尔西队倒在了点球大战。凯帕拒绝下场的闹剧被全世界的球迷和媒体看在了眼里，大家都很清楚，萨里对球员已经失去控制了，既然如此，他距离下课也只是时间问题了。

03

"神灯"回家

兰帕德的第一次"回家"就这么结束了,非常短暂,并且充满遗憾,但别急,未来还会有第二次。

03 "神灯"回家

在加盟皇马队之前,阿扎尔获得了个人的第四个切尔西队年度最佳球员奖,创造了球队的历史纪录,而三次获得该奖项的原纪录保持者,成了萨里的接班人,他就是兰帕德。

第九章 19年21冠 "阿布时代"落幕

有"神灯"美誉的兰帕德在离开切尔西队之后去了美国踢球,后来又被租借到曼城队,最后回到美国退役。2018年,他拿起教鞭,成为英格兰第二级别联赛球队德比郡队的主教练,虽然未能率队冲入英超,但获得了在切尔西队执教的机会。

由于切尔西队的转会禁令,兰帕德并没有在2019年夏天得到新援,不过他正好可以提拔年轻球员,梅森·芒特、塔米·亚伯拉罕、里斯·詹姆斯等人都因此获得了不少机会。

对兰帕德更不利的是,由于新冠疫情的影响,英超被迫空场进行,不过在空荡荡的球场内,他还是给不能现场观赛的切尔西队拥趸带来了一些惊喜:球队排名英超第四,继续保有欧冠资格;进入足总杯决赛,只是输给了阿森纳队。

2020—2021赛季,切尔西队又可以引援了,"阿布"进行报复性消费,斥资超过2亿欧元,接连签下蒂莫·维尔纳、哈基姆·齐耶赫、本·奇尔韦尔、凯·哈弗茨、爱德华·门迪等球员,还引进了自由球员蒂亚戈·席尔瓦。

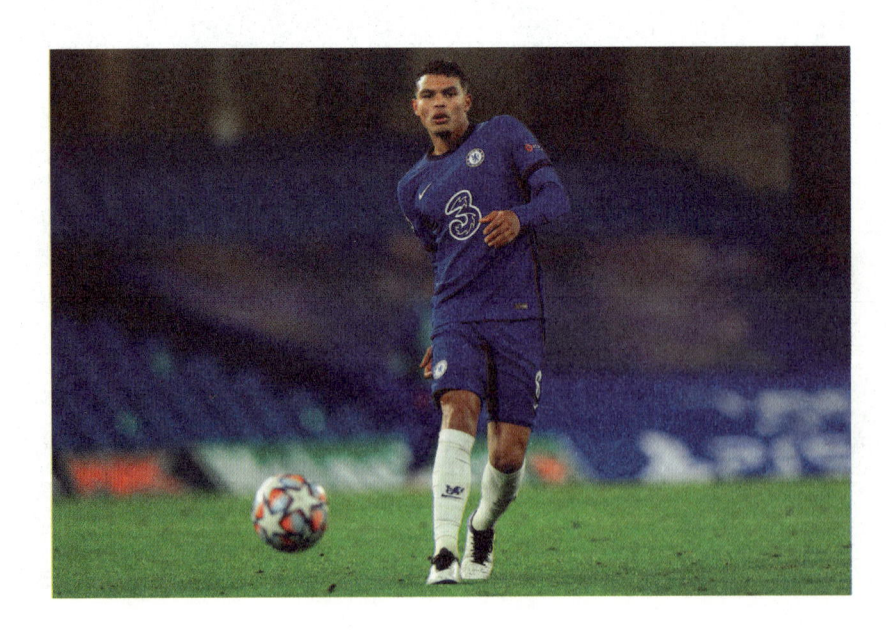

03 "神灯"回家

有了这么一套豪华的阵容,兰帕德可以大展拳脚了,而情况看起来也确实不错:切尔西队在欧冠以小组头名出线,到12月初还排在英超积分榜第三名!然而从那之后风云突变,"蓝军"在接下来的8场联赛里只赢下2场,19轮只积29分,下跌至积分榜第九位,尤其是在五周时间里接连输给埃弗顿队、狼队、阿森纳队、曼城队和莱斯特城队。这让"阿布"实在忍无可忍,最终在2021年1月25日解雇了兰帕德。

成绩只是一方面,兰帕德下课的另一个原因,则是与球队的转会政策存在分歧。球队的联合总监玛丽娜·格拉诺夫斯卡亚女士拒绝引进皮埃尔-埃梅里克·奥巴梅扬、德克兰·赖斯和詹姆斯·塔尔科夫斯基,这让兰帕德感到不满。此外,他还与队内的部分球员产生矛盾,回到切尔西队担任顾问的切赫不得不出面缓和兰帕德与球员之间的关系。

兰帕德的第一次"回家"就这么结束了,非常短暂,并且充满遗憾,但别急,未来还会有第二次。

04

"秃鹤"振翅，再夺欧冠冠军

单赛季三次击败曼城队，图赫尔做到了，成就和奖杯也都有了。

04 "秃鹳"振翅，再夺欧冠冠军

在尝过葡萄牙、意大利和英格兰本土教练的"滋味"之后，"阿布"突然决定聘请一位德国籍主帅，这主要是因为德国走在了当时世界足坛的最前沿，尤尔根·克洛普在利物浦队的执教成绩非常出色，而队内正好也有维尔纳、哈弗茨、安东尼奥·吕迪格等德国球员。

最终，"阿布"选中了有"克洛普二世"之称的托马斯·图赫尔，因为图赫尔跟着克洛普的脚步，先后执教美因茨队和多特蒙德队，在巴黎圣日耳曼队的履历让他拥有执教豪门球队的经验。

第九章 19年21冠 "阿布时代"落幕

事实证明，这个选择还是十分正确的。图赫尔快速提升了切尔西队的防守质量，让"蓝军"的防线重新变得固若金汤，各项赛事30场比赛，竟然有19次零封对手！

尤其是在强强对话中，切尔西队很少丢球：三次面对曼城队，分别两次面对皇马队和马德里竞技队，一次面对克洛普、穆里尼奥、安切洛蒂各自执教的球队，一共只丢了两球，图赫尔率队取得9场胜利，并且保持不败。

尤其是与曼城队的欧冠决赛，切尔西队在控球率落后的情况下，愣是让对手全场比赛只有1次射正！而且，防守不等于死守，不等于龟缩，切尔西队甚至比曼城队的射门次数更多，创造了更多的得分机会，最终凭借哈弗茨的一击制胜，夺得了球队历史上的第二座欧冠冠军奖杯！

单赛季三次击败曼城队，图赫尔做到了，成就和奖杯也都有了。2021年，他又率领切尔西队在点球大战中击败比利亚雷亚尔队，问鼎欧洲超级杯。于是，德国

04 "秃鹤"振翅，再夺欧冠冠军

人当之无愧地被欧足联评选为2020—2021赛季的年度最佳教练。

2022年1月，图赫尔又当选由国际足联评选的年度最佳男足教练，风头一时无两。2月份，他率队夺得国际足联俱乐部世界杯冠军，加冕杯赛"三冠王"！当时所有人都认为，"阿布"终于找到了一位真正适合切尔西队、可以在这里长期执教的主教练。

然而，图赫尔是否会长期执教还未可知，"阿布"却要走了。

05

"阿布时代"终结，未来充满未知

"阿布时代"，切尔西队也是频繁换帅，但每一位主帅，要么能够带来冠军，要么能够做出应有的贡献。被伯利财团掌控后，切尔西队已经换了四位主帅，结果呢？

05 "阿布时代"终结,未来充满未知

2022年2月,"阿布"宣布已将切尔西队的管理权交给其慈善基金会的受托人。3月2日,他宣布决定出售切尔西队,但不要求球队偿还大约15亿英镑的债务,这也是俄罗斯人留给"蓝军"的最后一份爱了。

从2003年到2022年,"阿布"拥有切尔西队长达19年,总投入高达21亿英镑,为球队带来了包括第一座英超冠军奖杯、第一座欧冠冠军奖杯在内的19座各项赛事的冠军奖杯,让切尔西队真正屹立于足坛豪门之列。可以说没有"阿布",就没有现在的切尔西队,称赞他为"老板界的天花板",毫不为过。

"阿布"离开后,来自美国的伯利财团斥资25亿英镑购买切尔西队的股份,成为新的老板,同时承诺进行总额为17.5亿英镑的进一步投资,总价高达42.5亿英镑。从此,切尔西队进入了全新的时代,也是充满未知的时代。

第九章 19年21冠 "阿布时代"落幕

2022年夏天，伯利财团效仿"阿布"进行大手笔引援，拉希姆·斯特林、卡利杜·库利巴利、马克·库库雷利亚等强援加盟，总花费达到2.4亿英镑！

然而经历动荡的切尔西队在新赛季开局不佳，前五轮英超只取得两胜，欧冠小组赛更是爆冷不敌萨格勒布迪那摩队，遭遇"开门黑"，结果一天之后，"冠军主帅"图赫尔就被解雇了，据说他还是在刚睡醒的时候接到了下课通知。

顶替图赫尔的是布莱顿队前主教练格雷厄姆·波特，而为了让波特能够取得好成绩，伯利财团在2023年冬季转会窗口又花费3.3亿英镑，签下恩佐·费尔南德斯、伯努瓦·巴迪亚西勒、米哈伊洛·穆德雷克、诺尼·马杜埃凯等多名新援。

可是两个转会窗口期间，切尔西队签下了太多新人，简直像换了一支球队，匆促之间无论是图赫尔还是波特，都无法让球队成形。而且，波特也没有继续实行执教布莱顿队时的攻势足球，反而战术思路非常混乱，更多依靠球员个人能力作战，阵形在三后卫和四后卫之间摇摆不定，球队的进攻表现不仅越来越差，防守也做得不够稳固。

结果便是：波特执教切尔西队的31场比赛，战绩是12胜8平11负，胜场只比负场多了1场，胜率只有39%，球队在英超的排名更是下滑到第11位！最终，波特在4月2日惨遭解雇。

波特下课之后，他的助手布鲁诺·萨尔特成为切尔西队的临时主帅，但只维持了三天，就被第二次"回家"的兰帕德所取代。不过，兰帕德这次也是"救火教练"。

在此之前，兰帕德当过埃弗顿队主帅，顶替的还是切尔西队前主教练贝尼特斯，但执教成绩比较糟糕。这次回来，他彻底证明了自己确实不是当主教练的材料，11场比赛竟然只有1场胜利，胜率是可怜的9%，创造了球队的历史最差纪录！"蓝军"最终位列英超第12名，这是其自1995—1996赛季之后第一次掉出积分榜上半区。

2023年夏天，伯利财团又请来了热刺队前主教练、阿根廷名帅毛里西奥·波切蒂诺，而且一如既往地在转会市场上大肆引援，尼古拉·雅克松、克里斯托

05 "阿布时代"终结，未来充满未知

弗·恩昆库、莫伊塞斯·凯塞多、阿克塞尔·迪萨西、科尔·帕尔默等人纷至沓来，仅凯塞多一人，转会费就达到了惊人的1.15亿英镑！哈弗茨、芒特、坎特、阿斯皮利奎塔等昔日功臣则相继离开。

然而，巨额投入依然没有得到回报，2023—2024赛季，切尔西队在英超的排名有所上升，排名第六，但依然无法获得下赛季的欧冠资格，联赛杯决赛输给利物浦队，还是"四大皆空"。原本人们以为伯利财团会再给波切蒂诺一个赛季，让他证明自己，没想到赛季刚一结束，切尔西队官方就宣布波切蒂诺下课。

"阿布时代"，切尔西队也是频繁换帅，但每一位主帅，要么能够带来冠军，要么能够做出应有的贡献。被伯利财团掌控后，切尔西队已经换了四位主帅，结果呢？"蓝军"拥趸难免会在心中进行对比，并得出自己的答案。

2024年夏天，意大利人恩佐·马雷斯卡来了，切尔西队有了新的主教练。他能为"蓝军"带来阔别已久的冠军奖杯吗？还是会沦为下一个"牺牲品"？切尔西队的球迷只能拭目以待了。

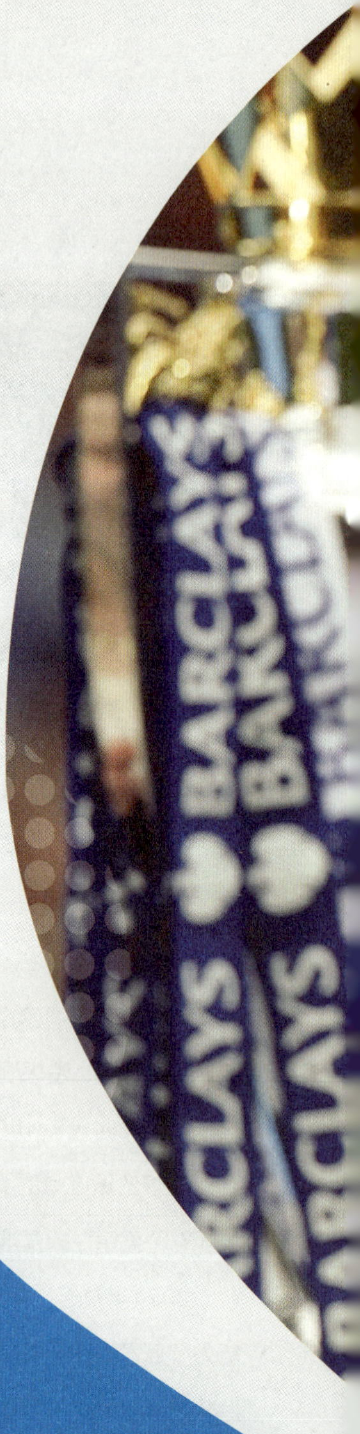
BARCLAYS

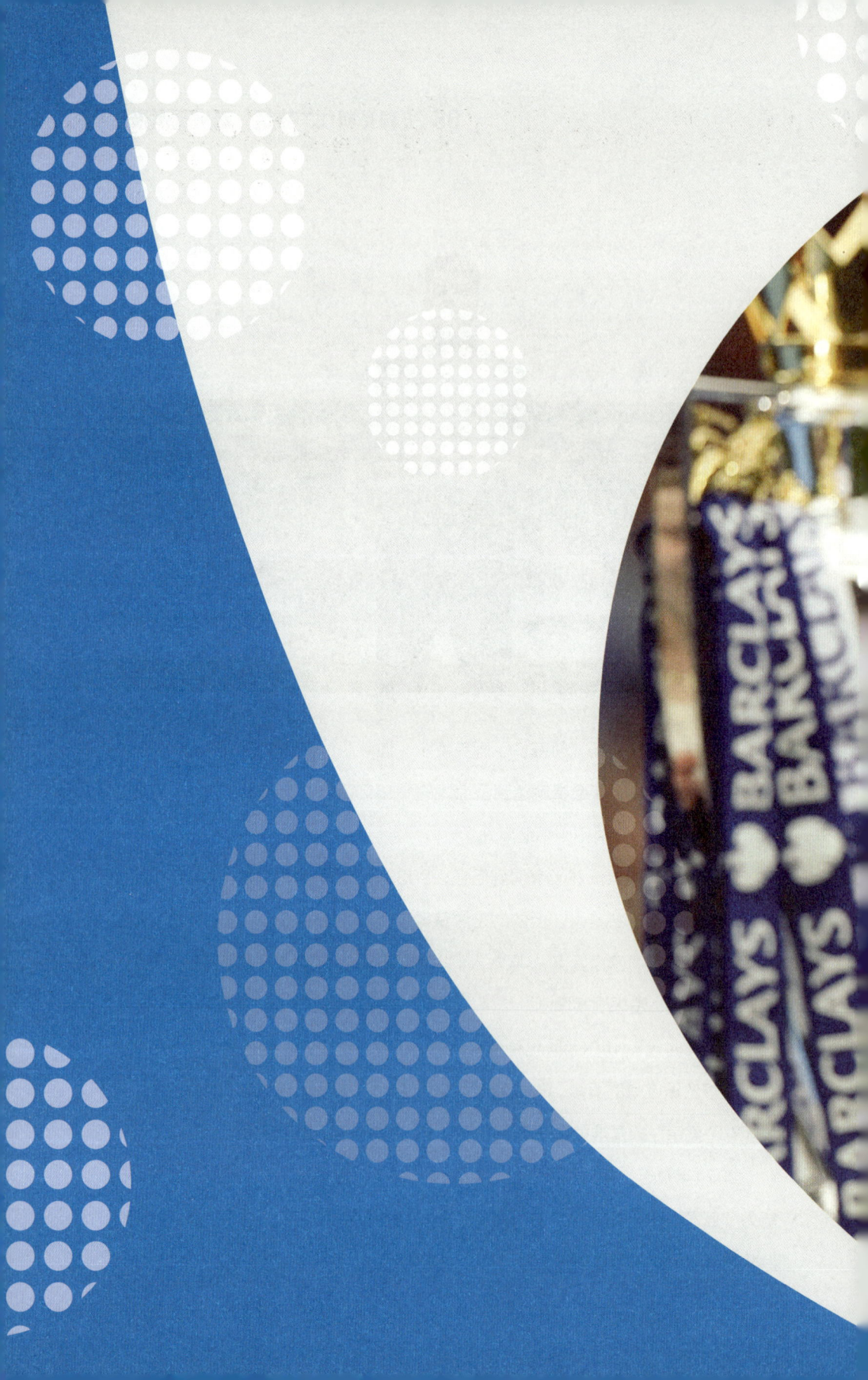

荣耀殿堂

对于任何一支球队来说，在浩瀚的历史长河中，都会有很多荣耀诞生。传奇球星、经典比赛、纪录时刻……这些荣耀，是球迷津津乐道的话题，也是难以忘怀的回忆。

50大球星

1. 詹弗兰科·佐拉

出生日期：1966年7月5日

效力年份：1996—2003年

主要球衣号码：25号

数　　据：312场80球

球队荣誉：2次足总杯冠军、1次联赛杯冠军、1次慈善盾杯冠军、1次欧洲优胜者杯冠军、1次欧洲超级杯冠军

个人荣誉：1次英格兰足球记者协会足球先生

2. 弗兰克·兰帕德

出生日期：1978年6月20日

效力年份：2001—2014年

主要球衣号码：8号

数　　据：648场211球

球队荣誉：1次欧冠冠军、3次英超冠军、4次足总杯冠军、2次联赛杯冠军、2次社区盾杯冠军、1次欧联冠军

个人荣誉：1次英超赛季最佳球员、2次英格兰年度球员、1次英格兰足球记者协会足球先生、3次英超助攻王

约翰·特里

出生日期：1980年12月7日

效力年份：1998—2017年

主要球衣号码：26号

数　　据：717场67球

球队荣誉：1次欧冠冠军、5次英超冠军、5次足总杯冠军、3次联赛杯冠军、2次社区盾杯冠军、1次欧联冠军

个人荣誉：1次英格兰职业足球运动员协会足球先生

迪迪埃·德罗巴

出生日期：1978年3月11日

效力年份：2004—2012年、2014—2015年

主要球衣号码：15号、11号

数　　据：381场164球

球队荣誉：1次欧冠冠军、4次英超冠军、4次足总杯冠军、3次联赛杯冠军、2次社区盾杯冠军

个人荣誉：2次英超金靴奖、1次英超助攻王

50大球星

5 埃登·阿扎尔

出生日期：1991年1月7日

效力年份：2012—2019年

主要球衣号码：10号、17号

数　　据：352场110球

球队荣誉：2次英超冠军、1次足总杯冠军、1次联赛杯冠军、2次欧联冠军

个人荣誉：1次英超赛季最佳球员、1次英格兰足球记者协会足球先生、1次英格兰职业足球运动员协会足球先生

6 彼得·奥斯古德

出生日期：1947年2月20日

效力年份：1964—1974年、1978—1979年

主要球衣号码：6号、9号、10号、12号

数　　据：380场150球

球队荣誉：1次足总杯冠军、1次联赛杯冠军、1次欧洲优胜者杯冠军

出生日期：1941年9月18日
效力年份：1959—1970年
主要球衣号码：8号、10号、11号
数　　据：370场202球
球队荣誉：1次联赛杯冠军

博比·坦布林

出生日期：1979年3月14日
效力年份：2008—2012年
主要球衣号码：39号
数　　据：184场59球
球队荣誉：1次英超冠军、2次足总杯冠军、1次社区盾杯冠军
个人荣誉：1次英超金靴奖

尼古拉·阿内尔卡

50大球星

彼得·切赫

出生日期：1982年5月20日

效力年份：2004—2015年

主要球衣号码：1号

数　　据：494场

球队荣誉：1次欧冠冠军、4次英超冠军、4次足总杯冠军、3次联赛杯冠军、2次社区盾杯军、1次欧联冠军

个人荣誉：3次英超金手套奖

詹卢卡·维亚利

出生日期：1964年7月9日

效力年份：1996—1999年

主要球衣号码：9号

数　　据：88场40球

球队荣誉：1次足总杯冠军、1次联赛杯冠军、1次欧洲优胜者杯冠军、1次欧洲超级杯冠军

里卡多·卡瓦略

出生日期：1978年5月18日

效力年份：2004—2010年

主要球衣号码：6号

数　　据：210场11球

球队荣誉：3次英超冠军、3次足总杯冠军、2次联赛杯冠军、2次社区盾杯冠军

路德·古利特

出生日期：1962年9月1日

效力年份：1995—1998年

主要球衣号码：4号

数　　据：64场7球

球队荣誉：1次足总杯冠军

50大球星

阿什利·科尔 13

出生日期：1980年12月20日

效力年份：2006—2014年

主要球衣号码：3号

数　　据：338场7球

球队荣誉：1次欧冠冠军、1次英超冠军、4次足总杯冠军、1次联赛杯冠军、1次社区盾杯冠军、1次欧联冠军

个人荣誉：1次英格兰年度球员

米夏埃尔·巴拉克 14

出生日期：1976年9月26日

效力年份：2006—2010年

主要球衣号码：13号

数　　据：167场26球

球队荣誉：1次英超冠军、3次足总杯冠军、1次联赛杯冠军、1次社区盾杯冠军

出生日期：1944年11月13日
效力年份：1962—1980年
主要球衣号码：2号、3号、5号、6号
数　　据：795场14球
球队荣誉：1次足总杯冠军、1次联赛杯冠军、1次欧洲优胜者杯冠军

罗恩·哈里斯

罗伯特·迪马特奥

出生日期：1970年5月29日
效力年份：1996—2002年
主要球衣号码：16号
数　　据：175场26球
球队荣誉：2次足总杯冠军、1次联赛杯冠军、1次慈善盾杯冠军、1次欧洲优胜者杯冠军、1次欧洲超级杯冠军

50大球星

17

出生日期：1879年6月3日

效力年份：1909—1915年

主要球衣号码：无

数　　据：116场34球

维维安·伍德沃德

18

迈克尔·埃辛

出生日期：1982年12月3日

效力年份：2005—2012年、2013—2014年

主要球衣号码：5号

数　　据：256场25球

球队荣誉：1次欧冠冠军、2次英超冠军、3次足总杯冠军、1次联赛杯冠军、1次社区盾杯冠军

19 彼得·博内蒂

出生日期：1941年9月27日

效力年份：1959—1975年、1976—1979年

主要球衣号码：1号

数　　据：729场

球队荣誉：1次足总杯冠军、1次联赛杯冠军、1次欧洲优胜者杯冠军

20 蒂亚戈·席尔瓦

出生日期：1984年9月22日

效力年份：2020—2024年

主要球衣号码：6号

数　　据：155场9球

球队荣誉：1次欧冠冠军、1次欧洲超级杯冠军、1次国际足联俱乐部世界杯冠军

50大球星

21
乔治·希尔斯登

22
罗伊·本特利

23
查理·库克

24
马塞尔·德塞利

25
恩戈洛·坎特

26
约翰·霍林斯

27
凯利·迪克逊

28
吉米·格里夫斯

29
阿兰·哈德森

30
雷·威尔金斯

31
帕特·内文

32
吉米·弗洛伊德·哈塞尔巴因

33
埃杜尔·古德约翰森

34
阿尔扬·罗本

35
丹·佩特雷斯库

36
史蒂夫·克拉克

37
塞萨尔·阿斯皮利奎塔

38
埃迪·麦克格雷迪

39
皮特·西莱特

40
彼得·豪斯曼

41
胡安·马塔

42
乔治·维阿

43
伊恩·布里顿

44
约翰·斯宾塞

45
克劳德·马克莱莱

46
丹尼斯·怀斯

47
布拉尼斯拉夫·伊万诺维奇

48
古斯塔沃·波耶特

49
弗兰克·勒伯夫

50
达米恩·达夫

队史最佳阵容

主力阵容
（"433"阵形）

门将： 彼得·切赫
后卫： 布拉尼斯拉夫·伊万诺维奇、约翰·特里、罗恩·哈里斯、阿什利·科尔
中场： 迈克尔·埃辛、弗兰克·兰帕德、詹弗兰科·佐拉
前锋： 阿尔扬·罗本、迪迪埃·德罗巴、埃登·阿扎尔

替补阵容
（"433"阵形）

门将： 彼得·博内蒂
后卫： 丹·佩特雷斯库、里卡多·卡瓦略、蒂亚戈·席尔瓦、塞萨尔·阿斯皮利奎塔
中场： 路德·古利特、克劳德·马克莱莱、恩戈洛·坎特
前锋： 凯利·迪克逊、彼得·奥斯古德、博比·坦布林

历届英超积分排名

赛季	总场数	胜场数	平局场数	负场数	积分	排名
1992—1993	42	14	14	14	56	11
1993—1994	42	13	12	17	51	14
1994—1995	42	13	15	14	54	11
1995—1996	38	12	14	12	50	11
1996—1997	38	16	11	11	59	6
1997—1998	38	20	3	15	63	4
1998—1999	38	20	15	3	75	3
1999—2000	38	18	11	9	65	5
2000-2001	38	17	10	11	61	6
2001—2002	38	17	13	8	64	6
2002—2003	38	19	10	9	67	4
2003—2004	38	24	7	7	79	2
2004—2005	38	29	8	1	95	1
2005—2006	38	29	4	5	91	1
2006—2007	38	24	11	3	83	2
2007—2008	38	25	10	3	85	2
2008—2009	38	25	8	5	83	3
2009—2010	38	27	5	6	86	1
2010—2011	38	21	8	9	71	2
2011—2012	38	18	10	10	64	6
2012—2013	38	22	9	7	75	3
2013—2014	38	25	7	6	82	3
2014—2015	38	26	9	3	87	1
2015—2016	38	12	14	12	50	10
2016—2017	38	30	3	5	93	1
2017—2018	38	21	7	10	70	5
2018—2019	38	21	9	8	72	3
2019—2020	38	20	6	12	66	4
2020—2021	38	19	10	9	67	4
2021—2022	38	21	11	6	74	3
2022—2023	38	11	11	16	44	12
2023—2024	38	18	9	11	63	6

截至 2023—2024 赛季结束

冠军荣誉

本土赛事

顶级联赛冠军（6个）：
英甲（1个）： 1954—1955赛季。
英超（5个）： 2004—2005赛季、2005—2006赛季、2009—2010赛季、2014—2015赛季、2016—2017赛季。

足总杯（8个）： 1969—1970赛季、1996—1997赛季、1999—2000赛季、2006—2007赛季、2008—2009赛季、2009—2010赛季、2011—2012赛季、2017—2018赛季。

联赛杯（5个）： 1964—1965赛季、1997—1998赛季、2004—2005赛季、2006—2007赛季、2014—2015赛季。

社区盾杯（含慈善盾杯，4个）： 1955年、2000年、2005年、2009年。

欧洲赛事

欧冠冠军（2个）： 2011—2012赛季、2020—2021赛季。
欧洲优胜者杯（2个）： 1970—1971赛季、1997—1998赛季。
欧联冠军（2个）： 2012—2013赛季、2018—2019赛季。
欧洲超级杯冠军（2个）： 1998年、2021年。

洲际赛事

国际足联俱乐部世界杯冠军（1个）： 2021年。

纪录盘点

冠军纪录

1. 1954—1955赛季，获得队史首个顶级联赛冠军。
2. 1955年，获得队史首个慈善盾杯（社区盾杯）冠军。
3. 1964—1965赛季，获得队史首个联赛杯冠军。
4. 1969—1970赛季，获得队史首个足总杯冠军。
5. 1970—1971赛季，获得队史首个欧洲赛事（欧洲优胜者杯）冠军。
6. 1998年，获得队史首个欧洲超级杯冠军。
7. 2004—2005赛季，获得队史首个英超冠军。
8. 2011—2012赛季，获得队史首个欧冠冠军。
9. 2012—2013赛季，获得队史首个欧联冠军。
10. 2021年，获得队史首个国际足联俱乐部世界杯冠军。

比分纪录

1. 最大比分赢球

顶级联赛： 2010年5月9日，切尔西队8比0维冈竞技队。

2012年12月23日，切尔西队8比0阿斯顿维拉队。

足总杯： 2011年1月9日，切尔西队7比0伊普斯维奇队。

欧冠： 2014年10月21日，切尔西队6比0马里博尔队。

2017年9月12日，切尔西队6比0卡拉巴克队。

欧洲优胜者杯： 1971年9月29日，切尔西队13比0凯尔耶恩队。

2. 最大比分输球

顶级联赛： 1953年9月26日，切尔西队1比8狼队。

1967年10月7日，切尔西队0比7利兹联队。

1991年4月20日，切尔西队0比7诺丁汉森林队。

欧冠： 2000年4月18日，切尔西队1比5巴萨队。

进球纪录

队史射手王： 弗兰克·兰帕德，211球。

单赛季联赛个人进球纪录： 吉米·格里夫斯，1960—1961赛季，41球。

单赛季顶级联赛球队进球纪录： 103球，2009—2010赛季。

历任主帅及荣誉

主帅	任期	荣誉
约翰·罗伯逊	1905年8月1日—1906年11月27日	
威廉·刘易斯	1906年11月27日—1907年8月1日	
大卫·卡尔达赫德	1907年8月1日—1933年5月7日	
莱斯利·奈顿	1933年5月8日—1939年4月19日	
比利·比雷尔	1939年4月19日—1952年5月31日	
特德·德雷克	1952年7月1日—1961年9月30日	1次英甲冠军、1次慈善盾杯冠军
汤米·多切蒂	1961年10月1日—1967年10月1日	1次联赛杯冠军
戴夫·塞克斯顿	1967年10月1日—1974年10月3日	1次足总杯冠军、1次欧洲优胜者杯冠军
罗恩·舒亚特	1974年10月3日—1975年4月16日	
埃迪·麦克格雷迪	1975年4月17日—1977年7月1日	
肯·谢里托	1977年7月7日—1978年12月13日	
丹尼·布兰奇弗洛尔	1978年12月14日—1979年9月11日	
吉奥夫·赫斯特	1979年9月13日—1981年4月23日	
博比·高尔德	1981年4月1日—1981年6月30日	
约翰·尼尔	1981年5月28日—1985年6月11日	
约翰·霍林斯	1985年7月1日—1988年3月6日	
博比·坎贝尔	1988年3月6日—1991年5月12日	
伊恩·波特菲尔德	1991年7月1日—1993年2月15日	
大卫·韦伯	1993年2月16日—1993年6月30日	
格伦·霍德尔	1993年7月1日—1996年6月30日	
路德·古利特	1996年7月1日—1998年2月12日	1次足总杯冠军
詹卢卡·维亚利	1998年2月13日—2000年9月12日	1次足总杯冠军、1次联赛杯冠军、1次慈善盾杯冠军、1次欧洲优胜者杯冠军、1次欧洲超级杯冠军

主帅	任期	荣誉
格拉汉姆·里克斯	2000年9月13日—2000年9月17日	
克劳迪奥·拉涅利	2000年9月18日—2004年6月30日	
若泽·穆里尼奥	2004年7月1日—2007年9月20日	2次英超冠军、1次足总杯冠军、2次联赛杯冠军、1次社区盾杯冠军
阿夫兰·格兰特	2007年9月20日—2008年5月24日	
路易斯·费利佩·斯科拉里	2008年7月1日—2009年2月9日	
古斯·希丁克	2009年2月11日—2009年6月30日	1次足总杯冠军
卡尔洛·安切洛蒂	2009年7月1日—2011年5月22日	1次英超冠军、1次足总杯冠军、1次社区盾杯冠军
安德雷·维拉斯-博阿斯	2011年7月1日—2012年3月4日	
罗伯特·迪马特奥	2012年3月4日—2012年11月21日	1次欧冠冠军、1次足总杯冠军
拉斐尔·贝尼特斯	2012年11月22日—2013年6月30日	1次欧联冠军
若泽·穆里尼奥	2013年7月1日—2015年12月17日	1次英超冠军、1次联赛杯冠军
古斯·希丁克	2015年12月21日—2016年6月30日	
安东尼奥·孔蒂	2016年7月1日—2018年7月13日	1次英超冠军、1次足总杯冠军
毛里西奥·萨里	2018年7月14日—2019年6月30日	1次欧联冠军
弗兰克·兰帕德	2019年7月4日—2021年1月25日	
托马斯·图赫尔	2021年1月26日—2022年9月7日	1次欧冠冠军、1次欧洲超级杯冠军、1次国际足联俱乐部世界杯冠军
格雷厄姆·波特	2022年9月8日—2023年4月2日	
布鲁诺·萨尔特	2023年4月3日—2023年4月5日	
弗兰克·兰帕德	2023年4月6日—2023年6月30日	
毛里西奥·波切蒂诺	2023年7月1日—2024年6月30日	
恩佐·马雷斯卡	2024年7月1日开始	

历任队长（二战之后）

约翰·哈里斯（1945—1951年）
罗伊·本特利（1951—1956年）
肯·阿姆斯特朗（1956—1957年）
德雷克·桑德斯（1957—1959年）
弗兰克·布伦斯通（1959—1964年）
特里·维纳布尔斯（1964—1966年）
罗恩·哈里斯（1966—1980年）
米奇·德罗伊（1980—1984年）
科林·帕特斯（1984—1988年）
格雷厄姆·罗伯茨（1988—1990年）
彼得·尼古拉斯（1990—1991年）
安迪·汤森德（1991—1993年）
丹尼斯·怀斯（1993—2001年）
马塞尔·德塞利（2001—2004年）
约翰·特里（2004—2017年）
加里·卡希尔（2017—2019年）
塞萨尔·阿斯皮利奎塔（2019—2023年）
里斯·詹姆斯（2023年开始）

历任主席（二战之后）

乔·米尔斯（1940—1966年）
查尔斯·普瑞特（1966—1968年）
布莱恩·米尔斯（1968—1981年）
查尔斯·卡多根（1981—1982年）
肯·贝茨（1982—2003年）
布鲁斯·巴克（2004—2022年）
托德·伯利（2022年开始）

历史出场榜

排名	姓名	出场数
1	罗恩·哈里斯	795
2	彼得·博内蒂	729
3	约翰·特里	717
4	弗兰克·兰帕德	648
5	约翰·霍林斯	592
6	塞萨尔·阿斯皮利奎塔	508
7	彼得·切赫	494
8	丹尼斯·怀斯	445
9	史蒂夫·克拉克	421
10	凯利·迪克逊	420
11	埃迪·麦克格雷迪	410
12	约翰·巴姆斯泰德	409
13	肯·阿姆斯特朗	402
14	迪迪埃·德罗巴	381
15	彼得·奥斯古德	380
16	布拉尼斯拉夫·伊万诺维奇	377
17	查理·库克	373
18	约翰·米克尔·奥比	372
19	乔治·史密斯	370
19	博比·坦布林	370

历史进球榜

排名	姓名	进球数
1	弗兰克·兰帕德	211
2	博比·坦布林	202
3	凯利·迪克逊	193
4	迪迪埃·德罗巴	164
5	彼得·奥斯古德	150
5	罗伊·本特利	150
7	吉米·格里夫斯	132
8	乔治·米尔斯	125
9	埃登·阿扎尔	110
10	乔治·希尔斯登	108
11	巴里·布里奇斯	93
12	汤米·鲍德温	92
13	吉米·弗洛伊德·哈塞尔巴因克	87
14	休吉·加拉赫	81
15	鲍勃·惠廷厄姆	80
15	詹弗兰科·佐拉	80
17	埃杜尔·古德约翰森	78
18	丹尼斯·怀斯	76
19	罗恩·廷德尔	69
20	约翰·特里	67

两榜单均仅取前 20 名
数据截至 2023—2024 赛季结束

主场故事

切尔西队建队伊始，便将斯坦福桥球场作为主场，该球场建成于1877年，1905年开始作为切尔西队的主场。

建成初期，斯坦福桥球场是当时英国的第二大球场，经过多次扩建改造，斯坦福桥球场目前是伦敦的第三大球场，球场外形也从原来的椭圆形变成了四边形。场馆可容纳四万多人观看比赛，设有四个看台，包括东看台、西看台、马修·哈丁看台、谢赫特德看台。

东看台是斯坦福桥球场最古老的看台，底座有三层，是球场的中心，容纳了进场通道、更衣室、会议室、新闻中心和行政套房。

西看台底座有三层，包括一层包厢。每个包厢以切尔西队前球员或前教练的名字命名，包括坦布林包厢、克拉克包厢、哈里斯包厢、德雷克包厢、博内蒂包厢、霍林斯包厢。

马修·哈丁看台以前被称为北看台，由两层看台组成。1996年，球队副主席马修·哈丁遭遇空难，为纪念他，北看台被命名为马修·哈丁看台。

谢赫特德看台位于球场南侧，容量较小，主要容纳客队球迷。

队歌

切尔西队的官方队歌为 *BLUE IS THE COLOUR*（蓝色是我们的本色），该曲在1972年发行，由彼得·奥斯古德、罗恩·哈里斯等当时的切尔西队球员演唱。

BLUE IS THE COLOUR
（蓝色是我们的本色）

【双语歌词】

Blue is the colour football is the game
蓝色是我们的本色足球是我们的运动
We're all together and winning is our aim
团结一致胜利是我们的目标
So cheer us on through the sun and rain
不论阳光灿烂还是阴雨绵绵请一直为我们加油
Because Chelsea Chelsea is our name
只因切尔西队是我们的名字
Here at the Bridge whether rain or fine
斯坦福桥球场天气变化无常
We can shine all the time
但我们始终闪耀全场
Home or away come and see us play
无论主场还是客场都来看我们的比赛
You're welcome any day
大门永远向你敞开
Hey
嘿
Blue is the colour football is the game
蓝色是我们的本色足球是我们的运动
We're all together and winning is our aim
团结一致胜利是我们的目标
So cheer us on through the sun and rain
不论阳光灿烂还是阴雨绵绵请一直为我们加油
Because Chelsea Chelsea is our name
只因切尔西队是我们的名字
Come to the Shed and we'll welcome you
我们欢迎你来谢赫特德看台
Wear your blue and see us through
穿上蓝衣加入我们的队伍
Sing loud and clear till the game is won
引吭高歌直到比赛胜利
Sing Chelsea everyone
每个人高呼切尔西
Oh
哦
Blue is the colour football is the game
蓝色是我们的本色足球是我们的运动
We're all together and winning is our aim
团结一致胜利是我们的目标
So cheer us on through the sun and rain
不论阳光灿烂还是阴雨绵绵请一直为我们加油
Because Chelsea Chelsea is our name
只因切尔西队是我们的名字
Blue is the colour football is the game
蓝色是我们的本色足球是我们的运动
We're all together and winning is our aim
团结一致胜利是我们的目标
So cheer us on through the sun and rain
不论阳光灿烂还是阴雨绵绵请一直为我们加油
Because Chelsea Chelsea is our name
只因切尔西队是我们的名字

联赛十大战役

1997—1998 赛季第 17 轮：切尔西队 6 比 1 热刺队

在白鹿巷球场，切尔西队让同城对手经历了一场惨案，球队中表现最出色的当数挪威中锋弗洛，他上演了帽子戏法，佐拉则是奉献了助攻帽子戏法。

1999—2000 赛季第 8 轮：切尔西队 5 比 0 曼联队

上个赛季的"三冠王"曼联队在斯坦福桥球场被切尔西队痛击。波耶特开场不到1分钟就闪击破门，并在下半场完成梅开二度，佐拉则制造了对手的一个乌龙球。

2001—2002 赛季第 14 轮：
切尔西队 3 比 0 曼联队

切尔西队在老特拉福德球场大胜对手，梅尔奇奥特、哈塞尔巴因克和古德约翰森各进一球，击溃了当时客串中后卫的罗伊·基恩与劳伦特·布兰科的后防组合，这也是弗格森执教曼联队时期罕见的主场惨败之一。

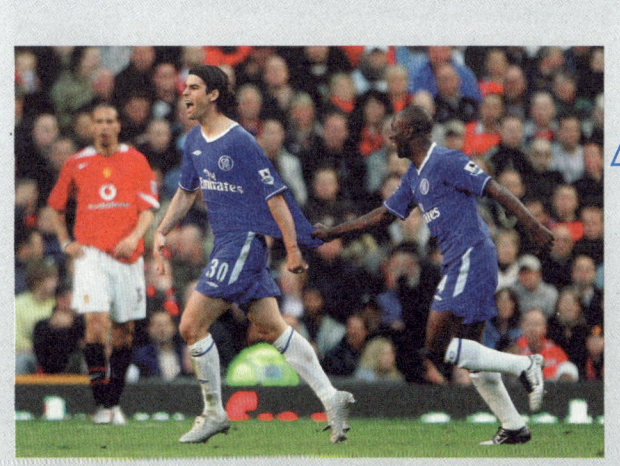

2004—2005 赛季第 37 轮：
切尔西队 3 比 1 曼联队

这是穆里尼奥作为切尔西队主帅第一次做客老特拉福德球场，虽然鲁德·范尼斯特鲁伊开场8分钟就率先破门，但蒂亚戈·门德斯、古德约翰森和乔·科尔各入一球，帮助切尔西队完成逆转。这场关键的胜利让"蓝军"距离50年来的第一个顶级联赛冠军更进一步——在一轮之后夺冠。

**2005—2006 赛季第 37 轮：
切尔西队 3 比 0 曼联队**

这场"红蓝大战"直接决定了这个赛季英超冠军的归属。威廉·加拉、乔·科尔和里卡多·卡瓦略的进球，让切尔西队在主场击败了英超争冠的最大对手，最终提前两轮成功卫冕，实现了英超两连冠。

**2012—2013 赛季第 18 轮：
切尔西队 8 比 0 阿斯顿维拉队**

这是切尔西队在英超历史上的最大比分胜利之一，8 球由 7 名球员打入，拉米雷斯梅开二度，托雷斯、大卫·路易斯、伊万诺维奇、兰帕德、奥斯卡、阿扎尔各进一球。

7

2013—2014 赛季第 31 轮：
切尔西队 6 比 0 阿森纳队

这场比赛正逢温格执教阿森纳队的第1000场比赛，没想到穆里尼奥丝毫不给面子，直接在斯坦福桥球场送给对手一场大比分惨败，奥斯卡双响建功，埃托奥、安德烈·许尔勒、阿扎尔、穆罕默德·萨拉赫也有进球入账。

8

2014—2015 赛季第 35 轮：
切尔西队 1 比 0 水晶宫队

在斯坦福桥球场，阿扎尔的进球帮助切尔西队1球小胜水晶宫队，提前三轮锁定英超冠军。穆里尼奥在赛后说道："这是非常特别的，我最有资格这么说，因为我在不同的联赛中都夺得过冠军，在英超夺冠非常难。"

2016—2017 赛季第 14 轮：
切尔西队 3 比 1 曼城队

这场比赛是孔蒂与瓜迪奥拉在英超的第一次交锋，全场打入的4球全部来自客队切尔西队，卡希尔送上乌龙球大礼，曼城队领先，下半场再战，科斯塔传射建功，威廉和阿扎尔各有一球入账，帮助切尔西队完成逆转。

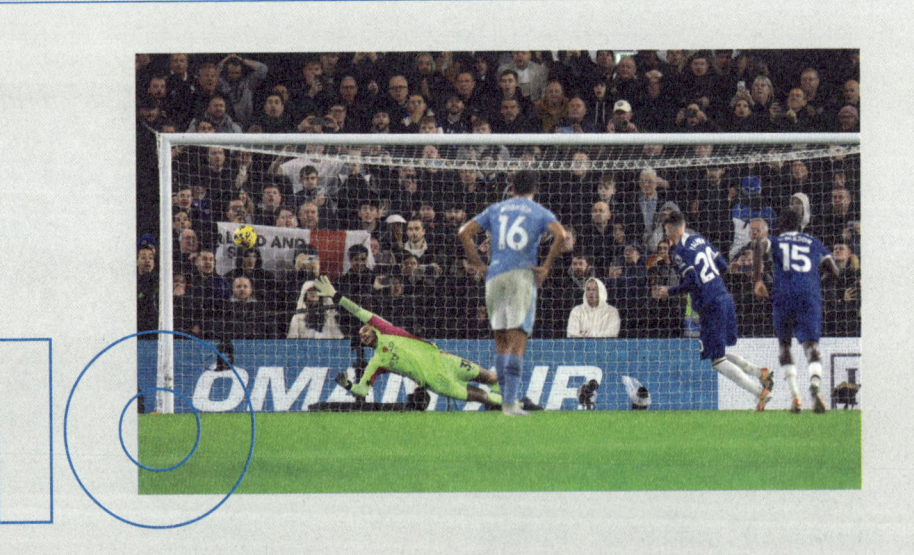

2023—2024 赛季第 12 轮：
切尔西队 4 比 4 曼城队

面对强势的曼城队，切尔西队在主场先是0比1落后，然后1比1追平，再2比1反超，又被2比2追平，再遭2比3反超，再3比3追平。第86分钟，罗德里的进球让"蓝军"3比4落后，但在伤停补时第5分钟，帕尔默点球破门，打入绝平球，结束了这场荡气回肠的进球大战。

欧洲赛事十大战役

1. 1970—1971赛季欧洲优胜者杯决赛重赛：切尔西队 2 比 1 皇马队

首场决赛，两队经过加时赛依然是1比1平，按照规则进行重赛。在重赛中，切尔西队凭借邓普西和奥斯古德的进球2比1取胜，历史上第一次夺得欧洲赛事的冠军。

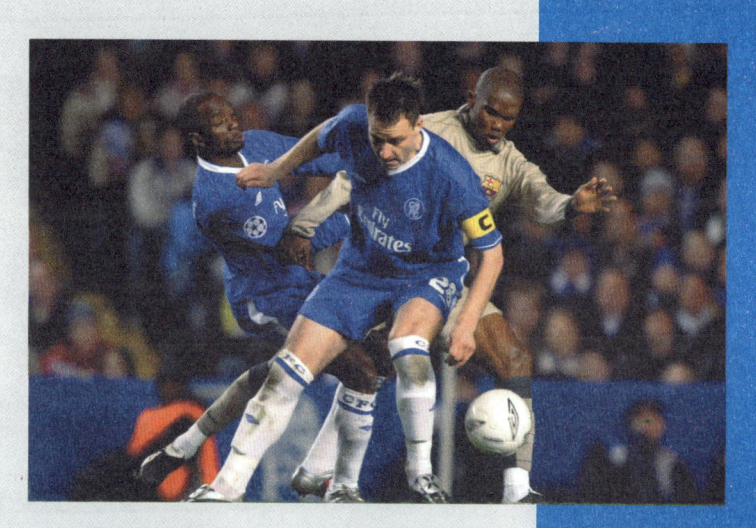

2. 2004—2005赛季欧冠1/8决赛次回合：切尔西队 4 比 2 巴萨队

首回合，切尔西队在诺坎普球场1比2告负，但回到主场，"蓝军"完成了惊人逆转，古德约翰森、兰帕德、达夫和特里各入一球，虽然罗纳尔迪尼奥梅开二度，但巴萨队还是难挽败局。

3 2004—2005 赛季欧冠 1/4 决赛首回合：切尔西队 4 比 2 拜仁慕尼黑队

切尔西队在斯坦福桥球场击败拜仁慕尼黑队，乔·科尔开场4分钟就闪击得手，兰帕德梅开二度，德罗巴传射建功。虽然次回合"蓝军"2比3输球，但还是凭借首回合奠定的优势惊险晋级半决赛。

4 2007—2008 赛季欧冠半决赛次回合：切尔西队 3 比 2 利物浦队

首回合两队在安菲尔德球场1比1握手言和，次回合坐镇斯坦福桥球场，切尔西队由德罗巴先下一城，托雷斯随后为利物浦队扳平比分。加时赛，兰帕德攻入一球，德罗巴完成梅开二度，瑞安·巴贝尔在第117分钟的进球无法令利物浦队挽救败局。

5

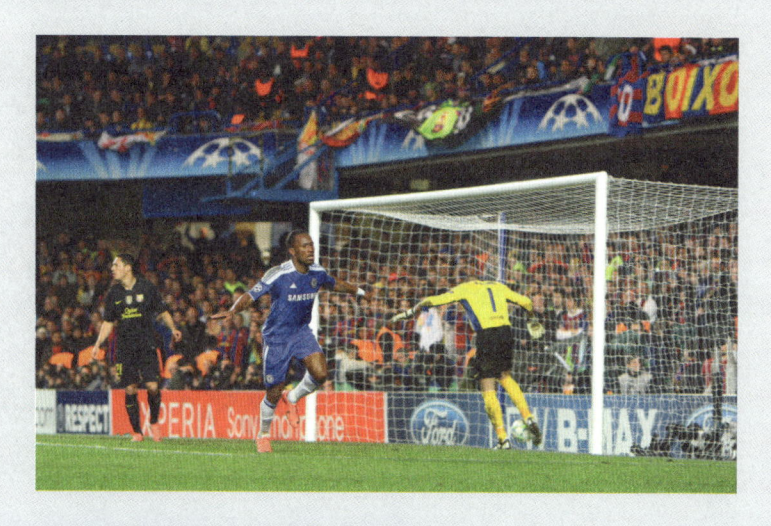

2011—2012 赛季欧冠半决赛首回合：
切尔西队 1 比 0 巴萨队

上半场伤停补时阶段，德罗巴取得全场比赛的唯一进球，而巴萨队两次击中门框，再加上切赫的数次精彩扑救，"红蓝军团"只能败走斯坦福桥球场，也为次回合的比赛结局埋下伏笔。

6 2011—2012 赛季欧冠半决赛次回合：
切尔西队 2 比 2 巴萨队

次回合切尔西队做客诺坎普球场，上半场比赛，布斯克茨和伊涅斯塔各入一球，巴萨队将总比分反超至2比1！但是随后拉米雷斯就帮助切尔西队将总比分扳平。伤停补时第2分钟，托雷斯挺身而出，打入加盟切尔西以来最重要的一球，将总比分锁定在3比2。

7 2011—2012赛季欧冠决赛：
切尔西队 5 比 4 拜仁慕尼黑队

　　托马斯·穆勒在第83分钟的进球，几乎宣告了欧冠冠军的归属，但是第88分钟，德罗巴打入绝平球，又让悬念重生，双方不得不进入加时赛。第94分钟，切赫扑出了罗本的点球，比赛被拖入点球大战。点球大战中，切尔西队最终顽强笑到最后，第一次捧起欧冠奖杯。

8 2012—2013赛季欧联决赛：
切尔西队 2 比 1 本菲卡队

　　面对本菲卡队，托雷斯先声夺人，但8分钟后奥斯卡·卡多索为本菲卡队扳平比分。直到伤停补时第3分钟，场上比分终于改变，马塔角球助攻，伊万诺维奇头球绝杀，切尔西队首夺欧联冠军，成就了欧洲赛事的大满贯。

9 2020—2021赛季欧冠半决赛次回合：切尔西队 2 比 0 皇马队

首回合两队在迪斯蒂法诺球场1比1战平，次回合，维尔纳抓住机会头球破门，为切尔西队打开胜利之门。第85分钟，芒特一击制胜，把"蓝军"送入了欧冠决赛。

10 2020—2021赛季欧冠决赛：切尔西队 1 比 0 曼城队

这场欧冠决赛上演"英超内战"。第42分钟，芒特在中场附近送出长传球，哈弗茨接球形成单刀球，他过掉曼城队门将埃德森之后打空门得手，最终切尔西队时隔9年再次夺得欧冠冠军。

中国情缘

切尔西队首次访华，要追溯到2008年的中国行，首站就在广州对阵当时还没被广州恒大收购的广州医药队，结果凭借着兰帕德、弗朗戈·迪桑托等人的进球，4比0大胜广州医药队，给现场球迷奉献了一场精彩的比赛。有趣的是，当时的切尔西队主帅，正是后来执教过广州恒大队的斯科拉里。

除了斯科拉里之外，还有不少切尔西队的旧将来中国踢过球，或者正在中国的球队效力，比如上海海港队的巴西中场奥斯卡。卡瓦略也曾在上海海港队踢球，切尔西队前主帅博阿斯也曾执教过上海海港队。

还有曾加盟过上海申花队的德罗巴、阿内尔卡、登巴·巴，波耶特则拿起过申花队的教鞭。此外，贝尼特斯执教过大连一方队，希丁克执教过中国国奥队，佩特雷斯库执教过江苏舜天队，拉米雷斯效力过江苏苏宁队，米克尔效力过天津泰达队。

2017年夏天，切尔西队再次来到中国，并在"鸟巢"（国家体育场）与阿森纳队进行了一场"伦敦超级德比杯"，最终"蓝军"3比0取胜，比利时前锋米西·巴舒亚伊梅开二度，并送出1次助攻。